ÉVÉNEMENTS DE 1814.

BATAILLE DE PARIS.

PARIS. — TYP. LACRAMPE ET COMP., 2, RUE DAMIETTE.

ÉVÉNEMENTS DE 1814.

BATAILLE DE PARIS.

LETTRES DU ROI JOSEPH A L'EMPEREUR

ET DE

L'EMPEREUR AU ROI JOSEPH

PRÉCÉDÉES ET SUIVIES

DE NOTES HISTORIQUES

PAR

UN ANCIEN OFFICIER

ATTACHÉ A L'ÉTAT-MAJOR DU ROI JOSEPH.

PARIS,

PAULIN, ÉDITEUR, RUE RICHELIEU, 60.

1844.

En apprenant la mort de Joseph Napoléon, notre généreux pays a donné des regrets mérités au frère aîné de l'Empereur, dont il fut l'ami fidèle, au roi qui honora deux trônes par ses nobles efforts pour améliorer le sort du peuple, à l'homme de bien si constamment dévoué à la France, où il n'a pu mourir.

Cependant, tandis que les organes de la presse exprimaient un sentiment si naturel et si juste, une voix hostile s'est élevée tout à coup devant la tombe à peine fermée de celui qui dut expier dans l'exil la gloire de son nom ; et, chose remarquable! ses accents ont retenti sur le point même où les patriotiques idées de Joseph devaient surtout inspirer des sympathies.

Une attaque aussi imprévue est-elle fondée? L'examen des faits rend la réponse facile. Nous ne sommes plus au temps où ils étaient ignorés : l'opinion publique est aujourd'hui éclairée sur les erreurs accumulées à l'envi contre le roi Joseph durant la restauration, et accréditées par des écrivains malveillants ou mal informés. De toutes parts la vérité s'est fait jour : elle a détruit d'injustes préventions et de faux jugements ; elle a été proclamée dans les ouvrages historiques des lieutenants généraux Matthieu Dumas, Pelet, Foy, Lamarque, Hugo, du général O'Farrill, du général Coletta, de M. Azanza, de M. Llorente, du général Koch, du colonel Maingarnaud, de M. Meneval, de M. Abel Hugo, qui tous étaient à portée de voir et d'apprécier les événements. D'autres ouvrages sérieux [1], et particulièrement celui du vainqueur de Fleurus, major général du roi Joseph durant six années, révèlent aussi la vérité tout entière. Elle est donc constatée par des témoignages et des documents irrécusables, base essentielle de l'histoire, qui autrement serait exposée à s'affaisser au niveau du roman ou du pamphlet. Ainsi l'impartiale histoire a pris soin de représenter Joseph Napoléon tel qu'il était soit dans les conseils, soit sur les champs de bataille.

Si M. Achille Vaulabelle eût voulu la consulter, il eût sans doute écarté les étranges assertions reproduites dans les feuilles du *National* des 8 et 9 août.

Il devient inutile de rappeler ici des faits maintenant assez connus. Seulement, quelques-uns qui le sont moins doivent être cités pour donner une exacte idée du caractère et des actions du roi Joseph, à qui M. Achille Vaulabelle suppose un singulier rôle *sur le double théâtre de Naples et de Madrid*, et dans ses fonctions de lieutenant de l'Empereur en 1814.

---

[1] Dans ce nombre on remarque les Mémoires du comte Orloff.

A NAPLES.

———

Joseph Napoléon, qui, en 1805, n'avait point accepté le paisible trône de Lombardie, se trouvait, en 1806, placé sur celui de Naples, qu'il fallait conquérir.

Napoléon se rappelait que son frère, qui toujours comme lui aima passionnément la France, avait refusé de régner en Lombardie plutôt que de consentir à renoncer à son titre de Français. Connaissant son caractère inébranlable dès qu'il avait pris une résolution qui lui paraissait juste, l'Empereur n'exigea point cette renonciation en lui conférant la couronne de Naples.

Quel que fût d'ailleurs le peu d'empressement de Joseph à ceindre son front du diadème, il n'y avait plus à hésiter ; l'honneur avait tracé ses devoirs, il s'occupa de les remplir non-seulement en roi, mais, ce qui en politique est quelquefois plus difficile, avec la conscience d'un homme de bien.

Un personnage renommé pour son esprit et sa finesse, alors dévoué à la famille impériale avec toute la sincérité dont il était capable, M. de Talleyrand, avait transmis au nouveau roi d'officieuses confidences sur la marche qu'il avait à suivre. Son avis était que Joseph devait monter tout simplement sur le trône, ne faire aucune constitution, laisser la noblesse telle qu'elle était, toutes les institutions qui existaient, ne confier qu'à des Français les emplois, parce qu'en les donnant aux indigènes, ce serait seulement servir l'une ou l'autre des factions en présence, ensuite prendre sur-le-champ les ordres de Naples, envoyer des cordons à l'Empereur, en donner aux personnes que le roi jugerait dignes de sa bienveillance, etc. En d'autres termes, il convenait de laisser l'état obéré, l'armée dans la détresse, le peuple ignorant, pauvre, abruti, opprimé.

Heureusement pour le royaume de Naples, Joseph adopta des principes absolument opposés : rappeler l'homme à sa dignité, améliorer le sort de la nation en détruisant des abus invétérés, la faire jouir de l'égalité des droits civils, régénérer un peuple jadis célèbre, en faire un fidèle allié de la France, créer des ressources au trésor public, non pour enrichir des courtisans, mais pour maintenir l'armée dans un état convenable, et rendre le pays florissant, c'est à ce prix seulement que Joseph voulait régner, sinon le sceptre ne lui semblait qu'un poids inutile.

Joseph reçut à Monteleone des rapports qui l'éclairèrent sur l'état des prisons du royaume. Il y vit avec étonnement qu'elles étaient encombrées de malheureux détenus pour délits antérieurs à l'invasion des Français, et dont plusieurs y languissaient depuis vingt ans, sans prévoir l'époque où ils seraient jugés. Quatre commissions judiciaires furent aussitôt chargées d'instruire les procès, d'entendre et de juger, suivant les lois en vigueur, tous les prisonniers dans l'espace de trois mois. Les condamnations furent seules assujetties à la révision du tribunal suprême à Naples. Cette formalité ne fut point exigée pour les individus absous, qui devaient immédiatement être mis en liberté. Il fut prescrit au ministre de la justice de rendre compte au roi des jugements prononcés chaque semaine, afin de stimuler l'activité des juges. Des milliers d'innocents furent ainsi préservés de la prolongation d'une peine injuste.

Au siége de Gaëte, le roi Joseph visita la tranchée et les batteries jusqu'aux points les plus avancés. Il parlait aux grenadiers du 6e régiment de ligne, lorsqu'ils parurent craindre pour lui le feu de la place, qui effectivement n'avait jamais été plus vif. « Nous voyons le roi avec plaisir, disaient-ils, mais ce n'est pas là sa place. » Et Joseph se plaisait à partager leurs périls avec une héroïque sérénité, suivant l'expression du maréchal Masséna et du général Lamarque, qui est peu d'accord avec l'historien des *Deux Restaurations*.

L'Empereur avait prévu le danger qui pouvait menacer son frère dans une grande capitale où il ne lui restait que des forces insuffisantes, ayant dû répartir son armée devant Gaëte et dans les provinces. Il avait écrit à Joseph : « Faites sortir « de Naples quinze mille lazzaroni. Mettez-vous dans la tête « que tôt ou tard vous aurez une insurrection. Établissez, « comme je le fis au Caire, des batteries de mortiers qui « puissent maîtriser la ville en cas de révolte. Vous n'aurez « pas besoin de faire usage de ces instruments meurtriers, et « ils vous sauveront. »

Il est vrai qu'un soulèvement à Naples eût été funeste. Joseph avait eu soin de faire armer les forts qui dominaient la ville. Cependant il jugea que l'établissement de batteries extraordinaires n'était pas indispensable. Il comptait sur le secours de ces forts en cas d'événement, mais il comptait plus encore sur les sentiments que lui témoignait la population. Il ordonna de former six régiments de garde civique. Seize mille volontaires offrirent spontanément d'entrer dans ce corps. La garde civique, mise aussitôt en activité, rendit alors d'importants services avec un zèle qui dans la suite ne se démentit point[1].

Le roi Joseph parvint à réaliser, en moins de trois ans, les améliorations qu'il s'était proposées. Il ne devait pas jouir

[1] Extrait d'une *Histoire inédite du royaume de Naples*, sous le règne de Joseph Napoléon.

longtemps des succès qu'il avait obtenus par la prise des places de Gaëte, de Civitella del Tronto, d'Amantea, par la pacification du royaume, qui sentait déjà les bienfaits de ces améliorations progressives. En mai 1808, appelé à de plus brillantes mais plus orageuses destinées, il partit pour Bayonne, d'où il adressa aux ministres et au conseil d'État napolitains, comme un dernier témoignage de sa sollicitude, une constitution qu'il soumit à la sanction de l'Empereur, afin de s'assurer qu'elle serait fidèlement suivie par le nouveau roi de Naples.

EN ESPAGNE.

Joseph Napoléon, qui avait prouvé qu'il n'aspirait point à un trône, céda aux intentions de l'Empereur, qui lui offrait celui d'Espagne, au vœu de l'assemblée des représentants de ce vaste pays réunis à Bayonne, à l'espoir d'y faire le même bien qu'il avait fait à Naples, et de concilier les intérêts de l'Espagne avec ceux de l'Empire, en resserrant les nœuds de leur ancienne alliance.

Proclamé roi à Madrid le 14 juillet, il avait convoqué au palais non-seulement les grands d'Espagne, mais de nombreux citoyens des différentes classes qui autrefois n'y étaient pas admis. Tous, surpris d'une pareille innovation, furent touchés de sa confiance, de ses vues, de ses espérances, qui leur firent présager un consolant avenir. Mais le général Dupont fut fait prisonnier à Baylen avec le corps d'armée destiné à couvrir la la capitale. On dut se retirer sur l'Ebre.

L'Empereur prit alors la direction de ses armées. L'ennemi opposa une vaine résistance. Les Anglais furent poursuivis par le maréchal Soult jusqu'à la Corogne, où, après des pertes énormes, ils trouvèrent un refuge sur leurs vaisseaux.

Cependant Napoléon, obligé d'aller soutenir la guerre que lui déclarait l'Autriche, quitta bientôt l'Espagne, où il ne retourna plus. Il confia le commandement de ses armées au roi Joseph.

Devant ces puissantes armées accoutumées à vaincre', partout ailleurs la soumission de la capitale eût entraîné la soumission du pays entier. En Espagne, elle fut le signal d'une exaspération que la junte suprême, alors à Séville, excitait par les menaces les plus violentes, et qui fut encouragée par le débarquement d'une nouvelle armée anglaise, forte d'environ trente mille hommes.

Il serait trop long de retracer des campagnes marquées par des siéges mémorables, des combats multipliés, des victoires où la valeur française accrut encore sa renommée; mais il est à propos d'indiquer en peu de mots quelques-unes des principales opérations militaires dirigées par Joseph Napoléon.

En 1809, le roi fit échouer le projet des ennemis qui se dirigeaient sur sa capitale, au nombre de cent mille hommes, sous les ordres de lord Wellington, auxquels il n'avait pas plus de quarante-cinq mille hommes à opposer avant l'arrivée des corps commandés par le maréchal duc de Dalmatie. Dans un ouvrage du maréchal Jourdan qui m'est communiqué, on trouve les réflexions suivantes :

« Malgré ce que l'on a dit du roi Joseph, nous affirmons que, loin d'être intimidé des dangers qui l'environnaient dans une position aussi critique, son caractère en prit une nouvelle énergie. Nous ajouterons qu'il avait prévu ce qui arrivait. Dès le 5 juillet, il avait ordonné, etc.

« Si tout autre que le roi eût dirigé la campagne de vingt jours où les ennemis, qui croyaient s'emparer de Madrid et marcher jusqu'à l'Ebre, furent forcés de se retirer après avoir perdu beaucoup de monde et une grande partie de leur artillerie, cette campagne eût suffi pour lui faire une belle réputation ; mais il était convenu chez certaines personnes que le roi n'entendait rien à la guerre ; elles ne voulurent voir dans la série des événements que la bataille de Talavera, qui cependant ne fut pas sans gloire pour nos armes.

« Il n'est pas moins vrai que si le roi, que des écrivains ont représenté comme étant sans talents et sans énergie, ne possédait pas entièrement l'art de la tactique, il n'était pas étranger à la science de la stratégie, bien plus importante pour un chef chargé de diriger les opérations de plusieurs corps d'armée. Sur le champ de bataille, il avait un courage imperturbable qui permet de tout distinguer : il ne lui manquait qu'une chose, plus de confiance en lui-même. »

Mais, d'après les documents qui existent sur le roi Joseph, il est à remarquer que la gloire des armes, qu'il admirait en Napoléon, ne lui faisait pas perdre de vue celle qu'il avait à cœur de mériter, en aidant aux succès militaires par une administration sage et ferme. Au milieu des agitations des camps, il avait médité et fait adopter, ainsi qu'à Naples, de concert avec les hommes éclairés qu'il avait réunis dans son conseil d'État, des lois où se trouvaient les germes de la prospérité du peuple espagnol, qui depuis, mais trop tard, s'est repenti d'une résistance funeste ; malheureusement la paix seule pouvait les féconder ; ils étaient étouffés par les ravages de la guerre.

Au mois de novembre, une armée espagnole de cinquante mille hommes franchit la Sierra-Morena. Le roi Joseph l'attaqua dans les plaines d'Ocaña, avec une armée française de vingt-quatre mille hommes. La victoire fut complète : vingt

mille prisonniers, trente drapeaux, cinquante pièces d'artillerie, furen tles trophées de cette brillante journée.

En janvier 1810, le roi Joseph résolut d'aller éteindre, au
fond de l'Andalousie, le foyer de l'insurrection. La conquête
de cette province fut rapide jusqu'aux portes de Cadix, dont un
fâcheux incident empêcha nos troupes de s'emparer, et où se
renferma la junte fuyant de Séville. Déjà les populations appré-
ciaient le caractère du souverain, qu'elles voyaient juste et généreux ; en visitant les riches et vastes contrées où pénétraient
pour la première fois nos armes, le roi fut accueilli sur tous les
points avec de vives acclamations : les régiments des insurgés
entraient spontanément à son service, et la nouvelle de cet
heureux succès produisait dans les autres parties du royaume
une vive impression sur les esprits, fatigués d'une lutte inégale
et désastreuse. Enfin, le calme commençait à se rétablir.

D'un autre côté, les négociations autorisées par l'Empereur
pouvaient éclairer la junte, ou la régence qui bientôt lui suc-
céda, sur les intérêts de l'Espagne : le roi Joseph proposait la
convocation d'une assemblée spéciale des *cortès*, où seraient
appelés les hommes influents de la nation, quels que fussent le
parti et les opinions qu'ils eussent adoptés, même les membres
des *cortès* de Cadix, le général Castanos et leurs amis, s'ils y
consentaient, pour former une véritable représentation nationale qui prononcerait sur la constitution à donner au pays,
dont elle aurait ainsi à régler l'avenir.

Mais de nouveaux événements firent naître de nouveaux
obstacles. L'institution de gouvernements militaires dans la
plupart des provinces fit craindre que l'Empereur n'eût l'intention de les réunir à la France. La régence de Cadix pro-
clama cette institution comme étant un commencement d'exécution des menaces que l'Empereur, dès 1808, avait faites aux
députés de Madrid. Elle réitéra l'appel du peuple aux armes,

et le peuple y répondit en grossissant le nombre des *guerillas*, qui devinrent des corps d'armée qu'une partie de nos forces eut sans cesse à combattre.

Le cabinet de Saint-James fit concevoir aux autres puissances des inquiétudes sur les vues ultérieures de Napoléon, qui voulait, disait-il, placer sur sa tête la couronne d'Espagne.

La guerre qui allait éclater au nord de l'Europe ranima la confiance et l'audace des ennemis dans la péninsule, après le départ des nombreuses troupes qui durent se rendre à la grande armée de Napoléon.

En 1812, l'Empereur, qui se disposait à marcher contre la Russie, sentit la nécessité de concentrer de nouveau dans les mains du roi le commandement des armées en Espagne, et chargea le prince de Neufchâtel de lui faire connaître cette disposition par sa lettre du 16 mars.

Ces armées se trouvaient disséminées à de grandes distances. La réunion en était difficile, car on avait beaucoup de peine à former des approvisionnements. Les places de Ciudad-Rodrigo et de Badajoz étaient récemment tombées au pouvoir de l'ennemi. L'armée anglo-portugaise, abondamment pourvue de moyens de subsistance et de transports, était en état de se tenir rassemblée et prête à menacer alternativement, avec des forces supérieures en nombre, tantôt l'armée du Midi, commandée par le maréchal Soult, tantôt l'armée de Portugal, commandée par le maréchal Marmont, qui devaient occuper de vastes provinces. Les armées espagnoles et les guerillas redoublaient d'audace et d'activité. La guerre avait épuisé toutes les ressources. Une disette inouïe se faisait sentir jusqu'au sein de la capitale.

Dans ces conjonctures périlleuses, le dévouement du roi Joseph lui imposait l'obligation d'accepter le commandement que lui confiait l'Empereur : il l'accepta sans hésiter, espérant

sans doute qu'il lui serait possible d'assurer de l'accord et de
l'ensemble dans les opérations, et de préparer ainsi des succès,
ou du moins d'obvier à des revers.

Cet espoir ne tarda pas à s'évanouir.

Joseph Napoléon, dans sa lettre au prince de Neufchâtel du
25 mai 1812, signalait de fâcheux résultats qu'il était urgent de prévenir, *lorsque le remède était encore possible*. Voici
quelques passages de cette lettre :

« En résumé, l'armée du Nord ne m'obéit pas ; l'armée
d'Aragon est indépendante par les nouvelles instructions
qu'elle vient de recevoir. Vous savez la conduite du duc de
Raguse à mon égard ; et j'ignore même si l'armée du Midi re-
connaît mon autorité.

« Ainsi, par le fait, le système que j'avais conçu être dans les
vues de l'Empereur, et dont les avantages que j'entrevoyais
au milieu de tant d'obstacles pouvaient seuls soutenir mon
courage, est tout à fait détruit, si l'indépendance des généraux
en chef, qu'il devait faire cesser, s'établit de nouveau ; et le
même défaut de concours et d'ensemble, dont on a eu tant à se
plaindre, va reproduire les mêmes maux et nous entraîner
vers quelque catastrophe.

« N'en doutez pas, l'honneur des armes impériales souffrira
une fâcheuse atteinte en Espagne si l'on persiste dans la
marche incertaine que l'on a suivie jusqu'à présent. Adresser
directement aux généraux placés sous mon commandement
des ordres que je ne connais pas, et m'exposer chaque jour à
prescrire des dispositions auxquelles on me répond, comme
l'a fait le général Dorsenne, par la copie d'une de vos lettres
qui prescrit le contraire, c'est annuler dans mes mains le pouvoir qui m'a été confié, et détruire d'avance tous les résultats
que S. M. I. et R. pouvait en attendre. L'Empereur ne peut,
sans danger pour sa gloire, hésiter à ramener, par les moyens

qui lui paraîtront les plus appropriés aux conjonctures présentes, l'unité et l'accord dans ses armées d'Espagne. Les événements militaires lui en font une loi. Les malheurs et le désordre iront encore croissant si la guerre mène l'Empereur dans le nord de l'Europe. »

On ne saurait méconnaître l'énergique résolution du général en chef placé dans une position aussi extraordinaire, et qui néanmoins osa compter sur la puissance de ses efforts, dont la persévérance et l'activité furent effectivement remarquables.

N'ayant pu parvenir à faire envoyer des renforts indispensables au maréchal Marmont, contre lequel s'avançait l'armée anglo-portugaise, en juillet le roi marche lui-même rapidement à son secours, avec sa garde et les troupes stationnées dans l'arrondissement de Madrid, où il ne laisse qu'une faible garnison. Il arrivait, avec un corps de quinze mille hommes, à deux lieues de Penaranda où le maréchal Marmont avait l'ordre de l'attendre, lorsqu'il apprend que ce maréchal venait de perdre la bataille des Arapiles. Le roi, après avoir fait vers le Duero une diversion utile à l'armée de Portugal, qui se dirige sur Briviesca, se retire sur Valence, d'où il presse le maréchal Soult de le joindre avec l'armée du Midi. Aussitôt la jonction opérée, il reprend l'offensive en se portant sur le Tage et de là sur le Tormès. Le 15 novembre, les trois armées, du Midi, du Centre et de Portugal, se trouvent réunies, fortes de plus de quatre-vingt mille hommes, devant les Anglo-Portugais, auxquels s'étaient ralliés des corps espagnols, dans les mêmes champs des Arapiles, près Salamanque, où la fortune, trois mois auparavant, avait été contraire au maréchal Marmont. Comment se rappeler, sans admiration, ces vaillantes armées prêtes à fondre sur l'ennemi qu'elles allaient cette fois combattre à nombre égal, et sûres d'un triomphe décisif, lorsqu'il leur fut malheureusement ravi ? Le temps devint affreux ;

a pluie, qui tombait à flots depuis plus de vingt-quatre heures, avait formé des torrents qu'il n'y avait plus aucun moyen de franchir; et à la faveur de l'épais brouillard qui s'ensuivit, l'ennemi se retira, par la communication qui n'avait pu encore lui être fermée, sur Ciudad-Rodrigo, sans avoir d'autres pertes à subir que celles du général commandant sa cavalerie, lord Paget, de quelques milliers de prisonniers et d'une grande partie de ses bagages. Lord Wellington rentra en Portugal, où il augmenta ses forces, tandis que les nôtres furent diminuées par le départ des troupes qu'il fallait renvoyer en France.

Il est pénible de penser au malheur qui nous priva d'une victoire si importante, au moment où elle était sur le point de couronner les combinaisons qui la ramenaient sous nos drapeaux. On sent de quel poids elle eût été dans la balance des destins de la Péninsule, et bientôt de l'Empire.

En 1813, les nouveaux renforts demandés par l'Empereur affaiblirent les armées sous les ordres du roi Joseph au point de l'obliger à se retirer sur Valladolid.

Alors survint un incident qui prouva combien les qualités de Joseph Napoléon étaient appréciées même par ses plus constants adversaires. Soit regret de perdre à jamais l'occasion qu'il offrait de régénérer l'Espagne, soit pressentiment des maux qui devaient fondre sur elle, des généraux influents de l'insurrection firent parvenir la proposition de renoncer à une lutte qui amenait la ruine de leur pays, et de passer au service du roi Joseph avec leurs corps d'armée. Il n'était plus temps de profiter de ces chances inespérées, qui un an plus tôt eussent été si favorables à l'Espagne ainsi qu'à la France.

Lord Wellington manœuvra sur la droite de notre armée pour la forcer à continuer la retraite, qui devint indispensable, d'abord sur Burgos, ensuite sur Vittoria.

Là, l'immense supériorité du nombre des ennemis nous enleva un triomphe qui n'eût pas été douteux si le général Clauzel, commandant un corps de quinze mille hommes à Logrono (à dix lieues de Vittoria), eût reçu l'ordre qui lui fut expédié par six messagers différents, de hâter sa marche pour prendre part à la bataille : déplorable effet de l'extrême difficulté des communications qui nous fut si funeste en Espagne !

Deux mois après, Joseph rentra en France. Il résidait à Mortfontaine lorsque les armées coalisées pénétraient en Suisse et menaçaient la patrie.

ÉVÉNEMENTS DE 1814.

BATAILLE DE PARIS.

Le 29 décembre 1813, le roi Joseph écrivit à l'Empereur :

« Sire,

« La violation du territoire suisse a ouvert la France à l'en‑
nemi. Dans de pareilles circonstances, je désire que V. M. soit
convaincue que mon cœur est tout français. Ramené en France
par les événements, je serais heureux de pouvoir lui être de
quelque utilité, et je suis prêt à tout entreprendre pour lui
prouver mon dévouement.

« Je sais aussi, Sire, ce que je dois à l'Espagne ; je vois mes
devoirs et désire les remplir. Je ne connais de droits que pour
les sacrifier au bien général de l'humanité.

« Je désire que V. M. trouve bon de charger un de ses mi‑
nistres de s'entendre sur ce sujet avec M. le duc de Santa-Fé,
mon ministre des affaires étrangères.

« Votre affectionné frère,

« Signé Joseph Napoléon. »

L'Empereur répondit à son frère en le chargeant de con‑
courir à la direction des affaires sous la régence de l'Impéra‑
trice.

Ici se présente une question grave, souvent débattue mais
non jugée, sur les événements de 1814. Les premières impres‑
sions d'un malheur alors inouï firent attribuer des torts à celui
qui n'avait pu surmonter des difficultés insurmontables.

Un écrivain, dans son histoire de la bataille de Paris, poussa jusqu'au plus haut degré l'aigreur et l'exagération d'attaques passionnées. Le bon sens public en fit justice. Mais elles viennent de trouver un écho dans l'ouvrage de M. Achille Vaulabelle [1], en présence des cendres à peine refroidies de l'homme dont la France honore la mémoire.

Dans l'intérêt de la vérité historique, il convient de produire des lettres officielles de Joseph Napoléon à l'Empereur et de l'Empereur à son frère, qui jettent un nouveau jour sur la situation des affaires pendant les trois premiers mois de 1814.

Si la passion exagère et condamne, l'impartialité examine et juge ; on sait qu'en France l'impartialité n'est jamais vainement invoquée.

Commençons par relever quelques erreurs palpables dans *l'Histoire des deux Restaurations.*

« Joseph avait eu, dit l'historien, le titre de lieutenant gé-
« néral de l'Empereur, sans en exercer sérieusement les fonc-
« tions. C'était l'Empereur qui continuait à gouverner par
« dépêches envoyées de ses différents quartiers généraux. Les
« affaires courantes s'expédiaient par l'Impératrice régente,
« assistée de Cambacérès et des ministres à départements. »

Puisqu'il en est ainsi, comment faire peser sur Joseph la responsabilité des événements? Mais cet historien ajoute :

« Quant au lieutenant général, la plupart de ses journées
« s'écoulaient assez loin de Paris, à Mortfontaine, au milieu
« d'un petit nombre de courtisans, dont les grosses flatteries
« lui faisaient prendre tellement au sérieux sa royauté d'Es-
« pagne et des Indes, que, sollicité par Napoléon, peu de jours
« auparavant, d'abdiquer en faveur de Ferdinand VII, il avait
« opposé à cette demande la résistance la plus opiniâtre. Vai-

---

1 *Histoire des deux Restaurations de* 1814 *et* 1815.

« nement l'Empereur lui faisait observer qu'il y avait déjà
« traité signé avec Ferdinand; qu'il ne perdait ni n'abandon-
« nait rien, puisque depuis plus de dix mois il était sans sujets
« et sans royaume. Joseph ne céda, pour ainsi dire, qu'à la
« force. »

Vers le 12 janvier, Joseph se rendit au palais du Luxembourg, qu'il ne cessa plus d'habiter. Il ne put donc passer la
plupart de ses journées à Mortfontaine, qu'il ne revit plus,
ainsi qu'il est démontré par ses lettres à l'Empereur, datées
de différentes heures de chaque jour, jusqu'au 28 mars.

Sa lettre du 29 décembre 1813 à l'Empereur dément la résistance opiniâtre si gratuitement imaginée sur l'abdication en
faveur de Ferdinand VII. Il y a plus : dans le projet de traité
servant de base à celui qui devait être conclu, il était stipulé
que la ratification aurait lieu *dans un délai de trois jours*. S'il y
eut des retards, c'est que le roi Joseph insistait pour obtenir
des conditions propres à prévenir des réactions en Espagne, et
à garantir les intérêts et la sécurité de tous ceux qui s'étaient
dévoués à sa cause. Ce projet de traité, conservé par M. Presle,
atteste la prévoyante sollicitude qui a été si mal interprétée.

Voici une nouvelle marque de cette sollicitude dans la lettre
du roi Joseph à l'Empereur, du 7 janvier 1814 :

« La première preuve que V. M. peut me donner de son ami-
« tié, est de charger M. le duc de Santa-Fé, ou tout autre de
« mes ministres, de la répartition des secours qu'elle accorde
« aux intéressantes familles qui ont abandonné l'Espagne à ma
« suite.

« La seconde, qu'elle trouve bon que je garde avec moi ceux
« des officiers français et espagnols qui, m'ayant montré un dé-
« vouement tout particulier, ne peuvent pas être abandonnés
« par moi, sans me rendre le plus ingrat et le plus insensible des
« hommes. »

Mais si le doute eût été permis à défaut de preuves, devait-on oublier que le roi Joseph avait spontanément offert de quitter le trône, dès qu'il n'espéra plus y faire tout le bien qu'il avait en vue? Pouvait-on croire qu'il hésitait à y renoncer, quand la force des choses l'en avait éloigné?

Passons aux discours attribués aux membres du conseil où fut lue la lettre de l'Empereur concernant le départ de l'Impératrice, et dont le commencement a été omis par M. Achille Vaulabelle.

Celui de M. de Talleyrand eût été absurde :

« Cette lettre a deux mois de date. Depuis cette époque, la « même menace du danger qui nous fait délibérer s'est pro-« duite, etc. »

Quoi! cette lettre était écrite de Reims *le 16 mars*, et *le* 28 *mars* elle aurait eu deux mois de date!

Et voilà justement le discours destiné à mettre en relief la sincérité de l'avis exprimé par M. de Talleyrand!

M. Achille Vaulabelle fait ensuite une observation qui est aussi dénuée de fondement :

« *Je reste avec vous*, disait Joseph, dont les voitures et les baga-« ges couraient sur la route de Blois, où ils allaient l'attendre. »

Tant qu'il y eut le moindre espoir de soutenir la défense de Paris, Joseph Napoléon avait laissé au Luxembourg sa femme et ses enfants. La reine Julie et les deux princesses, ses filles, n'en partirent, accompagnées du colonel Miot, écuyer du roi Joseph, avec leurs voitures, que pour le rejoindre au pont de Sèvres, quelques moments avant l'arrivée de l'ennemi, qui allait s'en emparer.

De semblables inexactitudes en font nécessairement pressentir d'autres sur lesquelles il serait superflu de s'arrêter ici plus longtemps, et que M. Achille Vaulabelle est intéressé à vérifier, en puisant des informations positives à des sources plus sûres.

Mais il cherche à faire prévaloir une idée que ne sauraient admettre ceux qui virent si souvent en Espagne, et le nombre en est grand encore, Joseph Napoléon intrépide aux premiers rangs sous la mitraille ennemie, et ceux qui combattirent avec son frère, Jérôme Napoléon, à Waterloo.

M. Achille Vaulabelle a dit que l'officier porteur des ordres adressés, le 30 mars, aux maréchaux Marmont et Mortier, *était aussi résolu que son chef*, et il ne s'est pas trompé. C'était le général Stroltz, qui s'était distingué, dans toutes les occasions, à la tête d'une division de cavalerie légère en Espagne. Mais prétendre que ce général, ancien aide de camp de Kléber, n'osait pas s'avancer au quartier général du maréchal Mortier, dans la crainte de quelques boulets égarés qui arrivaient jusqu'à la barrière, serait par trop s'abuser.

C'en est assez : laissons aux historiens qui retraceront la gloire et les revers de l'Empire le soin des investigations convenables pour rectifier les autres erreurs suggérées par des renseignements inexacts. Il est temps de soumettre aux lecteurs les pièces officielles qui sont de nature à fixer leur opinion.

Le 14 janvier, ainsi que le désirait l'Empereur, le roi **Joseph** écrivit au roi de Naples, dont les intentions paraissaient douteuses, en lui rappelant avec chaleur ses devoirs envers la France :

« MON CHER FRÈRE,

« Une prompte paix sauve tout ; vous devez donc la hâter de tous vos moyens, et être bien persuadé qu'elle vaut mieux pour vous que tous les avantages qu'aujourd'hui pourraient vous promettre les alliés. Ces promesses sont évidemment fallacieuses. Le jour où vous serez livré à eux, il n'y a plus de lendemain pour vous, parce qu'ils n'auraient plus aucun intérêt à vous ménager, et qu'ils convoiteraient pour eux ou les leurs la possession du plus beau pays de l'Europe. Si les Bourbons pouvaient renaître en France, pensez-vous que vous conserveriez longtemps Naples? Cependant la fortune a tourné, et les alliés sont aujourd'hui les plus forts : mais si tous les membres de la famille impériale, si tous les Français suivent mon exemple, l'équilibre sera bientôt rétabli, la paix faite, et chaque état consolidé. Il faut donc faire abnégation de tout autre sentiment et se jeter avec ce noble enthousiasme du bien qui vous caractérise dans la balance du devoir et de l'honneur. La France affaiblie sera relevée par la contenance assurée de tous ceux sur lesquels elle a droit de compter. La politique d'ailleurs le commande ainsi; mais je sais que l'honneur parle chez vous plus haut que l'intérêt, et lorsque l'intérêt est d'accord avec l'honneur, on a une raison de plus pour attendre tout de vous.

« Signé JOSEPH NAPOLÉON. »

Le 1ᵉʳ février, Joseph rend compte à l'Empereur des dispositions qui s'exécutent, suivant les ordres qu'il en avait reçus; il annonce avoir demandé au ministre de la guerre un travail pour former un corps des gardes forestiers de la première division et des brigades de gendarmerie, de manière qu'ils pussent être rassemblés, s'il y avait lieu, avant l'approche des partis ennemis. Il avait sollicité un décret de l'Impératrice qui autorisât cette mesure approuvée par les ministres et l'archichancelier.

Il s'ensuit que Joseph, circonscrit dans la sphère qui lui avait été tracée, n'avait aucune faculté d'agir suivant ses propres inspirations.

LETTRE DU ROI JOSEPH A L'EMPEREUR.

Paris, le 1er février.

« SIRE,

« A Paris on s'occupe des travaux des barrières. La garde nationale commence son service après-demain. Ce service pourra recevoir plus d'accroissement, selon les événements.

« J'ai vu aujourd'hui six mille hommes de la garde de V. M. qui sont partis d'après *les ordres directs* qui ont été donnés par le général Drouot au ministre de la guerre.

« Votre affectionné frère.

« Signé JOSEPH NAPOLÉON. »

A L'EMPEREUR.

Le 2 février.

« SIRE,

« Le commandant de Montargis et les habitants sont sur leurs gardes, ayant appris que l'ennemi s'était présenté à Courtenay. La population, sur la route de Montargis à Paris, est bien disposée, mais *a peu d'armes.*

« Les conscrits arrivent par douze cents tous les jours. Les habits ne manquent pas. Tout le monde montre du zèle, mais *les armes sont rares.* »

AU DUC DE BASSANO.

Le 2 février.

« Je reçois votre lettre d'hier : ici l'opinion est bonne et devient tous les jours meilleure ; les conscrits arrivent, mais tous les moyens ne sont pas en rapport avec la bonne volonté qui se manifeste de plus en plus.

« Signé JOSEPH. »

LETTRE DU ROI JOSEPH A L'EMPEREUR.

Paris, le 3 février.

« SIRE,

« Je reçois la lettre de V. M. d'hier. Demain je verrai les troupes, qui partiront immédiatement après pour se rendre à la destination que V. M. leur a fait donner. Je garderai à peine ici ce que V. M. a destiné à la protection du palais.

« L'opinion était trop confiante hier et avant-hier : aujourd'hui elle est trop alarmée. J'ai visité les travaux des barrières de la rive gauche. J'ai été assez content de la physionomie des faubourgs.

« L'Impératrice m'a fait demander un entretien. J'ai cherché à la rassurer. Je la reverrai aujourd'hui. On annonce la division Leval à Versailles. Demain la division Boyer sera à Melun.

« Nous n'avons aucune nouvelle de l'armée d'Italie.

« Signé JOSEPH. »

LETTRE DU ROI JOSEPH A L'EMPEREUR.

Paris, le 5 février, à une heure du matin.

« SIRE,

« J'ai vu deux fois l'Impératrice, et je l'ai laissée plus tranquille hier au soir. Elle venait de recevoir une lettre de V. M. où il était question du congrès. Si V. M. éprouvait de grands revers, quelle forme de gouvernement faudrait-il laisser ici pour empêcher les premiers intrigants de se mettre à la tête d'un mouvement quelconque?

« Les hommes arrivent, mais l'argent manque pour les habiller. Le comte Daru ne peut obtenir du Trésor que 10,000 fr. par jour, ce qui retarde singulièrement le moment du départ des troupes.

« Signé JOSEPH. »

A L'EMPEREUR.

Lettre du 5 février, à cinq heures du soir.

« SIRE,

« M. Colchen est arrivé. Il croit avoir reconnu l'ennemi hier au soir. Les préparatifs de défense se faisaient sur la communication qui, jusqu'à présent, était couverte par..... [1] Les forces disponibles de la garde sont parties : la division Leval part demain. Il n'y a donc pas de troupes à Paris pour défendre la capitale. M. Colchen croit que l'ennemi peut bien avoir vingt mille hommes sur la communication de Châlons. Je m'empresse de prévenir V. M. de cet état de choses, afin qu'elle puisse prendre les dispositions qui pourraient sauver la capitale, et ordonner la marche à suivre dans les diverses hypothèses.

« Le Trésor public est épuisé, et le service en souffre beaucoup.

« Le trésorier de la couronne me presse vivement pour être autorisé à faire transporter hors de Paris les objets qu'il ne saurait enlever que vingt-quatre heures après en avoir reçu l'avis.

« Signé JOSEPH. »

A L'EMPEREUR.

Lettre du 6 février, à une heure et demie du matin.

« SIRE,

« Les événements devenant de plus en plus graves, j'ai demandé au ministre de la guerre qu'il donnât au général Maurice Mathieu l'ordre d'être auprès de moi comme major-général, l'expérience m'ayant appris que le général Hullin est tellement occupé des affaires de Paris que des mouvements importants

---

[1] La caisse contenant ces lettres fut enfouie dans un jardin, sous la Restauration; l'humidité du sol y pénétra, et il a été impossible de lire les mots qui ont dû être laissés en blanc. Les copies en ont depuis été déposées aux archives du ministère.

peuvent lui échapper. Il est, du reste, plein de zèle et de bonne volonté.

« J'ai envoyé un officier au duc de Tarente pour avoir de ses nouvelles. On m'assure qu'il était le 4 à Épernay.

« J'ai donné au général Hullin l'ordre d'envoyer un général de brigade avec quatorze cents hommes à la Ferté-sous-Jouarre, pour se mettre en communication avec le maréchal Macdonald, observer toutes les communications et rendre compte des mouvements de l'ennemi.

« La division Leval est partie, ainsi que sept cents hommes, du dépôt de Versailles.

« Les conscrits affluent ; il en arrive deux mille par jour. V. M. sait *ce qui nous manque malheureusement.* La garde nationale éprouve le même besoin. *C'est ce manque d'armes,* Sire, qui doit rendre supportables les conditions de l'ennemi, car, du reste, V. M. aurait eu des hommes autant que cela aurait été nécessaire.

« M. de la Bouillerie me presse toujours pour avoir une décision.

« L'évacuation de Châlons a jeté ici la consternation. L'article du *Moniteur* sur   et sur les ministres plénipotentiaires a un peu neutralisé l'impression produite par la nouvelle de Châlons.

« Soissons est aussi menacée. Des partis se sont présentés près de Montargis. A une heure, le ministre de la guerre me mande que des troupes ennemies se sont présentées à Maison-Rouge. La Ferté-sous-Jouarre est aussi menacée. Le général commandant le camp de Meaux écrit que la ville est encombrée de trains et d'équipages venant de Châlons. Il n'a avec lui que trois cents hommes d'infanterie. *Le reste de sa troupe est sans armes.* Dans cet état de choses, n'ayant pas de cavalerie ici, ne pouvant pas en espérer de Versailles avant quelques jours, et ignorant si ce qui s'est présenté à la Ferté-sous-Jouarre est une force considérable, et si le maréchal Macdonald se trouve ou non sur cette communication, je me décide, quoique avec bien du regret, à faire donner l'ordre aux six à sept cents hommes de cavalerie qui sont partis ce matin, de se rendre à Meaux demain. Ils y seront suivis par trois bataillons. Dès que je saurai à quoi m'en tenir, je ferai continuer leur route à ces six cents chevaux. L'état des esprits est tel aujourd'hui qu'il est de la dernière importance d'empêcher toute insulte sur les approches de la capitale.

« Signé JOSEPH. »

LETTRE DE L'EMPEREUR AU ROI JOSEPH.

Nogent-sur-Seine, le 7 février.

« MON FRÈRE,

« J'ai reçu vos deux lettres ce matin à une heure. Je ne crois pas que l'ennemi ait été à La Ferté-sous-Jouarre. Je ne crois pas non plus qu'il ait été à Meaux : ce sont là de vaines alarmes. Le maréchal Macdonald m'a écrit de Châlons, le 5, qu'il couvrait les routes d'Épernay, de Montmirail et de Sézanne. Au moment même je fais partir deux mille hommes pour occuper Sézanne. Je m'y porterai dans la nuit avec ce qui est nécessaire pour battre et culbuter ce qui serait sur cette communication. De là je me porterai rapidement sur la communication de Meaux. Je crois, par mes manœuvres, avoir obligé la grande armée à se porter de devant Troyes sur Bar-sur-Aube, et avoir au moins trois marches sur elle. La division Leval est arrivée à Provins. Il me faut des détails militaires plus précis. Vous avez envoyé deux bataillons à Meaux, mais vous ne dites pas lesquels. Je dois savoir cela pour ramasser les troupes ; quand vous m'envoyez un détachement de cavalerie, dites aussi de quel corps.

« Je ne vous donne pas d'ordres pour la Bouillerie ; je ne crois pas que cela soit nécessaire. Toutefois, il peut en six heures de temps charger tout ce qu'il a sur quinze voitures, et, avec des chevaux que fourniraient mes écuries, se transporter d'abord à Rambouillet ; mais je ne crois pas que les choses en soient encore là. Je ne crains point l'ennemi, je suis plein d'espérance dans l'événement. Tenez ferme aux barrières de Paris ; faites placer deux pièces de canon aux différentes barrières ; que la garde nationale, qui a des fusils et des fusils de chasse, y ait des postes. Surtout faites en sorte que le ministre de la guerre envoie des fusils à Montereau et à Meaux. Je vais laisser à Soissons un bataillon de garde nationale, et faire venir les autres à Meaux en poste. Envoyez le duc de Valmy à Meaux pour correspondre avec moi et se mêler de tous ces détails.

« Comme les nouvelles doivent me venir de vous, tenez-moi au fait de tout. Ayez des observateurs sur les trois routes d'Épernay à Meaux, de La Ferté-sous-Jouarre à Montmirail et de Meaux à Sézanne. Indépendamment des officiers militaires que doit y avoir le ministre de la guerre, que la police y ait aussi des agents secrets ; car la connaissance des mouvements de l'ennemi est un des grands éléments d'une parfaite réussite.

« Il doit y avoir à chaque barrière cinquante hommes armés de fusils d'ordonnance, cent hommes armés de *fusils de chasse* et *cent hommes armés de piques,* ce qui ferait deux cent cinquante hommes à chacune des principales barrières. Vous devrez former tous les jours une réserve de quatre à cinq cents hommes armés de fusils d'ordonnance, du double de fusils de chasse, et d'un tiers armé de piques, ce qui fera une réserve de deux mille hommes pour se porter partout où il serait nécessaire, avec des batteries attelées de la garde ou de l'école polytechnique.

« Signé NAPOLÉON. »

LETTRE DU ROI JOSEPH A L'EMPEREUR.

Paris, le 7 février, à une heure et demie du matin.

« SIRE,

« Je reçois la lettre de V. M. d'hier dans ce moment seulement. Je sais cependant que l'estafette est arrivée à 7 heures.

Le maréchal Macdonald a abandonné Châlons et la communication de Meaux. On envoie dans cette direction tout ce que l'on

peut en cavalerie et en infanterie, sous les ordres du général
Minot. V. M. me donnera sûrement ses ordres pour M. de la
Bouillerie et pour la direction à suivre.

« Signé Joseph. »

LETTRE DU ROI JOSEPH A L'EMPEREUR.

Paris, le 7 février.

« Sire,

« J'ai parlé à Louis du projet de le laisser ici. Il me répond
par une longue lettre que je prends le parti d'envoyer à V. M.
Il me semble que vous m'avez dit que les princesses devaient
suivre l'Impératrice. S'il en était autrement, il faudrait qu'elle
l'écrivît d'une manière positive. Je fais des vœux pour que le
départ de l'Impératrice n'ait pas lieu. Nous ne devons pas nous
dissimuler que la consternation et le désespoir du peuple pour-
ront avoir de terribles et funestes résultats. Je pense, avec toutes
les personnes qui peuvent apprécier l'opinion, qu'il faudrait
supporter bien des sacrifices avant d'en venir à cette extrémité.
Les hommes attachés au gouvernement de V. M. craignent que
le départ de l'Impératrice ne livre le peuple de la capitale au
désespoir, et ne donne une capitale et un empire aux Bourbons.
Tout en manifestant ces craintes, que je vois sur tous les visages, V. M. peut être assurée que ses ordres seront exécutés
pour ma part très-fidèlement dès qu'ils me seront arrivés.

« On m'assure que le général Lafayette a été un des premiers
grenadiers de la garde nationale qui aient été en faction à l'Hôtel-de-Ville.

« Signé Joseph. »

A L'EMPEREUR.

Lettre du 8 février.

« Sire,

Je reçois votre lettre du 7. J'ai communiqué au ministre celle

qui traite de la formation d'une armée de réserve, je le harcèle
sans cesse pour les fusils. Je le verrai tout à l'heure encore, et
j'en écrirai à V. M.

« Mais je dois vous dire d'avance qu'il m'a répété deux fois
qu'il n'a pas cinq mille fusils disponibles ; et que le commandant de Vincennes, que j'ai vu hier, m'a dit en avoir trente
mille à réparer. J'ai écrit au ministre de hâter, par tous les
moyens imaginables, la réparation de ces armes et de me rendre
compte du produit probable d'ici au 20 ou 30 de ce mois.

« Signé JOSEPH. »

A L'EMPEREUR.

Lettre du 8 février, à dix heures du soir.

« SIRE,

« Le ministre de la guerre m'a assuré qu'il avait à Vincennes
aujourd'hui onze mille fusils en état. Les ouvriers de Charleville
sont arrivés. On s'occupe de la formation de leurs ateliers. On
attend aussi les ouvriers de Saint-Étienne.

« Les armes pour deux mille hommes de la garde nationale de
Soissons étaient parties, et le général était dans cette ville, témoignant beaucoup d'inquiétude. Il écrit au ministre de la guerre
de laisser à Soissons les deux mille hommes auxquels sont destinées les armes parties. Ils seront plus utiles à Soissons, où ils seront armés.

« Signé JOSEPH. »

A L'EMPEREUR.

Lettre du 8 février, à minuit.

« SIRE,

« . . . . . L'Impératrice est plus rassurée aujourd'hui. J'ai
passé la journée à donner des espérances à des gens qui ont bien
moins de fermeté que l'Impératrice. »

A L'EMPEREUR.

Lettre du 9 février, à onze heures du matin.

« SIRE,

« Je reçois une lettre du ministre de la guerre que j'envoie en original à V. M. Elle verra que nos ressources en fusils se réduisent à six mille; qu'ainsi il est impossible d'espérer une armée de réserve de trente à quarante mille hommes dans Paris. Les choses sont plus fortes que les hommes, Sire, et lorsque cela est démontré, il me paraît que la véritable gloire est de conserver ce que l'on peut obtenir. Le parti de commettre une vie précieuse à un danger trop évident n'est pas glorieux, puisqu'il n'est pas avantageux à une grande masse d'hommes qui ont attaché leur existence à la vôtre.

« Le général Pajol écrit aussi une lettre que je vous adresse. V. M. peut être assurée que j'exécuterai fidèlement ses dispositions, quelles qu'elles soient.

« Ici personne ne   pour rien, ni directement, ni indirectement, dans ce que j'écris à V. M., avec un entier abandon, tel que cela se présente à mon esprit.

« Il faut obéir avec courage à la nécessité, soit que cette nécessité vous permette l'espoir de faire le bonheur d'un grand système d'hommes, ou qu'elle vous ordonne de vous commettre, ne vous laissant plus de choix qu'entre la mort et le déshonneur; et je ne vois pour V. M. de déshonneur que dans l'abandon du trône, parce que cet abandon ferait le malheur d'un grand système d'individus qui se sont livrés à vous. Si donc vous pouvez faire la paix, faites-la à tout prix; si vous ne le pouvez pas, il faut périr avec résolution; comme le dernier empereur de Constantinople, à la bonne heure! Dans ce cas, V. M. doit compter qu'en tout et pour tout je suivrai ses intentions, et que je ne ferai jamais rien d'indigne d'elle ni de moi.

« Signé JOSEPH. »

A L'EMPEREUR.

Lettre du 9 février, à quatre heures du matin.

« SIRE,

« Je n'ai pas encore pu recevoir le travail du général Gérard pour la réserve à former ; mais V. M. sait déjà que le ministre de la guerre m'a dit, après s'en être assuré, qu'il n'avait que *onze mille fusils,* qu'il réservait plus particulièrement à la garde impériale. »

A L'EMPEREUR.

Lettre du 10 février.

« SIRE,

« La lettre de l'impératrice Joséphine est partie par l'estafette de ce matin ; elle est aussi pressante que possible. »

(Il s'agissait de faire exécuter sans délai l'ordre donné par l'Empereur au prince Eugène, de marcher avec son armée sur les Alpes.)

A L'EMPEREUR.

Lettre du 11 février, à onze heures du matin.

« SIRE,

« Une lettre du duc de Vicence fait espérer une heureuse issue aux négociations pour la paix. Tout le monde est convaincu, d'ailleurs, que c'est la seule manière de rétablir les affaires, la situation du Trésor, des arsenaux et   n'étant plus un secret pour personne ; et quels que soient les prodiges que l'on espère encore de l'expérience et de l'habileté de V. M., on ne pense pas qu'elle puisse lutter contre les difficultés actuelles. V. M. aura sûrement été informée par ses ministres de l'arrivée d'un Bourbon à l'armée de lord Wellington, et d'un autre en

Hollande. L'argent manque pour solder les troupes; elles sont ainsi obligées à des désordres qui aigrissent les habitants. Vous désirez la paix; il faut tâcher de la faire. »

A L'EMPEREUR.

Le 11 février, à quatre heures après-midi.

« SIRE,

« J'ai reçu la lettre de V. M. au moment où je passais la revue de la garde nationale parisienne. J'ai fait connaître les bonnes nouvelles que le courrier m'apportait. Elles ont excité le plus vif enthousiasme. Six mille hommes de la garde nationale ont défilé dans une bonne tenue et dans de très-bonnes dispositions. Je ne puis assez faire l'éloge des chefs et de leurs bataillons. »

A L'EMPEREUR.

Le 12 février.

« SIRE,

« Je n'ai pas reçu l'avis des dispositions que vous avez faites pour la défense de Montereau. Toutefois, comme les instants sont précieux, et que le mouvement de l'ennemi me paraît prononcé et en grande force, j'écris au duc de Bellune de se porter de Nogent à Montereau, pour appuyer le duc de Reggio. Je lui prescris de faire sauter le pont de Nogent, et de laisser sur la rive droite les troupes nécessaires pour empêcher l'ennemi de rétablir les ponts. »

A L'EMPEREUR.

Le 14 février.

« SIRE,

« Je remets à V. M. copie de la lettre du duc de Reggio au ministre de la guerre. Elle y verra les mouvements de l'ennemi, et ceux qu'ont faits en conséquence les ducs de Reggio et de Bellune. Les ordres que j'avais donnés relativement au pont deviennent sans objet. Je m'arrête aux dispositions que V. M. trouvera dans la copie de l'ordre ci-joint, afin de maintenir libre la communication de Meaux à Melun, qui doit servir à vos mouvements. Je pense que cette circonstance est de nature à le faire hâter. Je compte que V. M. recevra cette lettre douze heures après sa date; elle pourra être avec les troupes des ducs de Reggio, de Bellune et de Tarente, dans la matinée de demain. »

A L'EMPEREUR.

Lettre du 14 février, à deux heures du soir.

« SIRE,

« Je vous envoie copie de la lettre de M. le duc de Reggio. V. M. sentira combien il importe de donner une direction et un chef aux troupes et aux trois maréchaux qui vont se trouver réunis ce soir sur le même point. J'espère que V. M. pourra s'y porter elle-même, conformément à ce qu'elle me mande par une lettre de ce matin.

A L'EMPEREUR.

Lettre du 14 février, à trois heures du soir.

« SIRE,

« Je reçois votre lettre du 14, datée par erreur du 15. J'exécuterai les dispositions qu'elle contient. J'adresse à V. M. le duplicata qu'elle contient; je ne doute pas qu'elle ne hâte son arrivée et son mouvement pour couvrir Paris. Le général Regnier, à qui le duc de Rovigo a parlé, et qui vient de traverser l'armée ennemie, dit que cette armée qui agit sur Paris est de cent vingt mille hommes. Le ministre adresse à V. M. son rapport sur cette conversation. Je l'envoie le rédiger. Le général Regnier a parlé aux empereurs Alexandre et François; l'un et l'autre lui ont dit

que la France n'aurait la paix qu'en se bornant à ses anciennes
limites. »

A L'EMPEREUR.

Le 14 février, dix heures du soir.

« SIRE,

« J'adresse à V. M. copie de la lettre que je reçois du général
Pajol. J'attends avec impatience le résultat des événements qui
auront eu lieu aujourd'hui entre la Seine et la Marne. Les inquiétudes commencent de nouveau à se manifester dans la capitale. »

A L'EMPEREUR.

Le 15 février, à cinq heures du matin.

« SIRE,

« Le général Bordesoulle est arrivé ici avec les deux lettres
que j'adresse à V. M. Ce général assure qu'il est de toute urgence que V. M. détermine quel est celui des trois maréchaux
qui doit commander. Il est à désirer que V. M. se trouve elle-
même à la tête de ces trois corps d'armée. Il n'est pas douteux
que votre présence dans une affaire aussi importante ne soit d'un
poids immense pour le succès de ses armes ; et comme le salut
de la capitale, et peut-être de l'Empire, peut en dépendre, je
suis convaincu que V. M. se hâtera d'arriver, quels que soient
les événements qui se passent sur la Marne.

« Je fais envoyer au général Treillard l'ordre de se diriger,
avec sa division de dragons, sur Corbeil. »

Dans ses autres lettres des 15 et 16, Joseph Napoléon in-
forme l'Empereur des dispositions qu'il a faites suivant ses
intentions, en lui exposant le retard qu'éprouve l'habillement
des jeunes soldats à défaut de fonds, et la nécessité d'autoriser
de nouvelles avances par le trésorier de la couronne, puisque
le trésor public est épuisé et le crédit nul.

A L'EMPEREUR.

Lettre du 17 février, à dix heures du matin.

« SIRE,

« Les remontes de cavalerie au dépôt général de Versailles se continueront. La garde nationale escortera les prisonniers dans Paris. *Comme on n'a pu jusqu'ici lui fournir des fusils,* son armement est irrégulier. L'équipement et l'armement de plusieurs milliers de gardes nationaux est en bon train. L'institution de la garde nationale a beaucoup amélioré l'opinion. Elle a aussi un grand avantage comme force municipale intérieure ; mais on perdrait l'utilité qu'on peut en attendre si on voulait la regarder comme une force capable d'agir activement au dehors. C'est l'opinion de tous les chefs.

« Signé JOSEPH. »

A L'EMPEREUR.

Paris, le 17 février, à midi.

« SIRE,

« La garde impériale reçoit tous les jours au moins mille conscrits. V. M. conçoit la dépense que nécessitent leur habillement, leur équipement, l'achat des chevaux, leur harnachement.

« Le général Ornano m'annonce que l'organisation est arrêtée par l'épuisement du quatorzième million. Il est urgent que V. M. ouvre un nouveau crédit pour cette dépense. Je crois qu'il faudrait autoriser M. de la Bouillerie à remettre un million applicable par moitié à la cavalerie et à l'infanterie.

« Signé JOSEPH. »

A L'EMPEREUR.

Le 18 février, à sept heures du matin.

« SIRE,

« J'ai écrit au ministre de la guerre de faire rentrer à Vincennes les mille fusils qui avaient été envoyés pour armer les gardes nationales à Brie-Comte-Robert.

« Je réitère l'ordre pour la réunion des gardes nationaux et des troupes de ligne qui doivent être dirigés sur l'armée.

« Tout Paris s'est porté à la rencontre des prisonniers. Le public a montré beaucoup de réserve et de bon esprit. La garde nationale a remplacé la troupe de ligne dans plusieurs postes aux barrières : elle va aussi occuper les postes intérieurs aux divers établissements publics.

« Signé JOSEPH. »

A L'EMPEREUR.

Le 18 février, à onze heures du matin.

« SIRE,

« Le ministre de l'intérieur me communique une lettre de M. Boissy d'Anglas, en date du 16, d'où il résulte que le maréchal duc de Dalmatie a donné l'avis au général Rivaud, commandant la 12ᵉ division, du débarquement prochain qui paraît devoir être tenté, par les Anglais, sur les côtes où est cette division. Le maréchal ajoute qu'il y avait tout lieu de croire que le duc de Berri se trouvait avec les troupes de débarquement. Le comte Boissy d'Anglas ne dissimule pas que si le débarquement avait lieu, il craignait beaucoup que la Vendée ne se soulevât de nouveau.

« J'ai cru ce fait assez important pour en prévenir V. M., quoique je ne doute pas que le ministre de la guerre n'ait envoyé un rapport et les pièces à l'appui.

« J'ai sous les yeux les journaux italiens des 5 et 8 février. L'esprit de vertige fait tous les jours plus de progrès. Il s'est répandu de Naples par les États Romains jusqu'à la Toscane : cette province est même plus mal disposée que les États Romains. Les victoires de V. M. confondront les espérances de vos ennemis les plus éloignés : c'est en traitant directement avec les puissances ennemies qu'elle vient de vaincre, que V. M. comblera les vœux des Français et répandra autant de bonheur sur la France qu'elle a conquis de gloire. »

A L'EMPEREUR.

Le 18 février, à onze heures du soir.

« SIRE,

« J'ai reçu la lettre par laquelle vous voulez bien m'annoncer la demande que l'ennemi fait d'une suspension d'armes, et l'intention où est V. M. de signer avant tout la paix. Il est de fait qu'il y a assez longtemps que l'on traite pour être en état de signer des préliminaires sur-le-champ, et l'ennemi ayant proposé des bases à Francfort avant de passer le Rhin, ces bases peuvent très-convenablement être signées par les deux parties. Quant à V. M., que l'ennemi ait ou non repassé le Rhin lors de la signature, peu importe, s'il signe en deçà du Rhin ce qu'il a proposé au delà. Cette signature prouvera qu'il eut tort d'avoir repoussé les conditions qu'il avait refusées d'abord ; et je trouve l'honneur français aussi sauf par la signature des conditions proposées à Francfort, soit qu'elles puissent être signées ici ou là, pourvu que les limites naturelles soient reconnues.

« Il est évident que l'ennemi, étourdi par les manœuvres de V. M., doit désirer une suspension d'armes pour avoir le temps de se reconnaître, de réunir son armée et ses forces dispersées, et que V. M. doit faire ce qu'elle fait. J'ai présenté les choses telles qu'elles sont. »

A L'EMPEREUR.

Le 19 février.

« SIRE,

« J'apprends avec une grande satisfaction la nouvelle que nous recevons de l'occupation des ponts de Montereau et de la défaite des corps de Wrède. Ces succès justifient le refus de V. M. pour la demande d'une suspension d'armes faite par l'ennemi.

« Je fais donner l'ordre à sept cents cavaliers, arrivés ici de Versailles, de continuer leur route pour Montereau en passant par Melun. V. M. sera en mesure de leur faire donner une autre direction.

« L'ennemi a évacué Soissons. Les divers rapports annoncent que Wittzingerode a de ces côtés vingt à vingt-cinq mille hommes.

« Le maréchal Augereau a dix ou quinze mille hommes à Lyon. Je suppose que V. M. pourra en tirer parti en les faisant porter sur Autun, d'où ils menaceraient le flanc droit de l'ennemi et pourraient agir, selon les événemens, sur Langres, Vesoul ou Besançon, au moment de sa retraite.

« Trois mille hommes de la garde sont ici réunis et armés. Ils ne sont pas habillés, faute de fonds. Je rappelle à V. M. cet objet, et pour ne point perdre de temps j'autorise M. de la Bouillerie à faire une avance de 200,000 francs.

« Signé Joseph. »

Les lettres des 20 et 21 ont rapport aux négociations entamées avec les ennemis, aux mouvements de leurs troupes, qui menacent Soissons, Reims, même Orléans, où le général Sparre est envoyé avec sa brigade de dragons, enfin au passage de corps considérables à Laon et à l'arrivée du prince de Suède aux armées coalisées.

A L'EMPEREUR.

Le 22 février.

« Sire,

« V. M. verra par l'extrait ci-joint d'une lettre de M. Basterrêche, de Bayonne, que m'a communiquée le duc de Conégliano, quelle est la situation des choses à l'armée du duc de Dalmatie. Le ministre de l'intérieur, celui de la police et l'archichancelier sortent de chez moi. Ils m'ont fait la peinture la plus désastreuse des choses à Toulouse et à Bordeaux. L'esprit de ces deux

grandes villes n'est pas favorable, et un Bourbon y serait accueilli s'il s'y présentait.

« Un autre rapport ci-joint donnerait de la vraisemblance à
ce que vient de me dire le ministre de la guerre, qui annonce
l'entrée de l'ennemi à Amiens. Les ministres m'assurent que les
proclamations répandues par les Russes en faveur des Bourbons
trouvent

Je suppose que nous sommes
à la veille d'une bataille. Quels qu'en soient les résultats, l'état
actuel ne peut pas durer. Les deux ministres m'ont déclaré, devant l'archichancelier, que l'administration tombe partout en
dissolution, que l'argent manque, et que le système des réquisi-
tions finit par neutraliser toutes les affections et isoler le gouvernement.

« Quelque dures que soient ces vérités, comme V. M. ne peut
pas les entendre de la bouche de ses ministres, je n'hésite pas à
m'imposer le pénible devoir de vous les faire connaître. »

A L'EMPEREUR.

Le 22 février.

« SIRE,

« J'adresse à V. M. deux projets de lettres que l'Impératrice est
disposée à signer dès qu'ils auront reçu l'approbation de V. M.
J'ai vu le ministre de l'intérieur : il écrit à V. M. L'idée de la
députation de quelques villes au conseil général de la commune
de Paris ne lui paraît pas dépourvue d'inconvénients. Je partage
cette opinion, et je suis certain que si V. M. a eu le temps de
reporter une seconde fois sa pensée sur cet objet, elle y aura
renoncé.

« Le ministre et le duc de Conégliano pensent aussi qu'il serait
impossible de donner l'accroissement désirable à la garde nationale, *vu l'invincible difficulté du manque d'armes.*

« La garde nationale, telle qu'elle est aujourd'hui, est une
sauvegarde contre les désordres intérieurs, elle est bien inten-

tionnée, elle est amie du gouvernement, elle a été électrisée par le récit des prodiges opérés en peu de jours par V. M., elle désire que la paix la ramène dans sa capitale, elle est disposée à l'aimer autant qu'à l'admirer ; cette opinion de la garde nationale est celle de la capitale. La ville de Paris, si touchée de l'estime que V. M. lui témoigna en lui confiant sa femme et son fils, si enhardie et si émerveillée des succès obtenus par V. M., n'est pas, cependant, dans un état tel qu'on puisse espérer d'elle une résistance efficace à une armée nombreuse, *puisqu'il est vrai que les fusils nous manquent.* »

A L'EMPEREUR.

Le 25 février.

« Sire,

« Je vois avec peine et je rends compte à V. M. que l'arrivée des conscrits diminue sensiblement. La garde impériale en a reçu deux mille deux cent trente-six depuis le 17 jusqu'au 23. inclus de ce mois. Hier elle n'en a reçu que quatre-vingt-quinze. La ligne n'a reçu depuis le 17 jusques et y compris le 22 de ce mois que six cent quatre conscrits : le 23 elle n'en a reçu que 25. J'entends par la ligne le dépôt général de Paris sous l'inspection du général Fririon. »

A L'EMPEREUR.

Le 25 février, à 9 heures du soir.

« Sire,

« J'ai eu occasion de voir aujourd'hui les ministres dans un conseil que l'Impératrice a tenu, je leur ai parlé des succès de V. M. et de ses espérances. Celui de l'intérieur travaille beaucoup dans le sens prescrit par V. M. Demain il y aura conseil à la commune. M. de Montalivet est extrêmement zélé pour le service de V. M.

« Je désire bien apprendre un armistice si V. M. juge qu'il

sera suivi de la signature des préliminaires, car il paraît que l'ennemi attend des renforts de   et de troupes russes dont la tête serait à N. »

A L'EMPEREUR.

Le 26 février.

« SIRE,

« Je vous envoie les lettres des ducs de Reggio et de Raguse. V. M. verra que l'un de ces maréchaux croit avoir devant lui des forces infiniment supérieures aux siennes, et que l'autre a dû se retirer devant vingt mille hommes et découvrir la Marne.

« J'envoie un officier à Meaux et un autre à Lagny pour m'assurer de l'état des choses sur ces deux points.

« J'ai fait diriger sur Meaux les forces qui se trouvent à Orléans. »

A L'EMPEREUR.

Le 28 février.

« SIRE ,

« Le duc de Raguse a envoyé cette nuit un colonel de son état-major au ministre de la guerre pour l'informer que l'ennemi, en forces supérieures, l'a obligé de se retirer à Jouarre, d'où il doit se porter à Meaux ce matin. Le duc de Trévise l'a joint et suivra son mouvement. Ce maréchal se retire aussi devant des forces ennemies considérables, qui viennent du côté de Reims. Le duc de Raguse pense que l'ennemi va marcher sur Paris. Il demande des renforts à grands cris, et il y a ici peu de moyens de lui en donner. Je vais tout disposer pour garder les ponts de Lagny, Saint-Maur et Charenton, et pour avoir une petite réserve. »

A L'EMPEREUR.

Le 28 février.

« SIRE,

« Voici d'autres nouvelles des ducs de Trévise et de Raguse dans la lettre ci-jointe :

« J'ai fait partir ce matin trois mille hommes pour Meaux, Lagny et Saint-Maur.

« J'ai passé aujourd'hui en revue huit mille hommes de la garde nationale bien habillés et passablement armés, et trois mille hommes de la garde impériale.

« J'ai envoyé un homme de confiance à Lille, d'où il se dirigera sur le point où se trouve le prince de Suède.

« Je m'occupe de l'expédition pour l'Italie.

« L'alarme se réveille dans Paris depuis les nouvelles de la retraite du duc de Raguse.

« J'attends impatiemment les nouvelles de V. M., qui dès le 25 avait le projet de marcher sur les derrières du général Blücher.

« Signé JOSEPH. »

Les autres lettres du 28 février annoncent à l'Empereur 1° qu'il a été envoyé aux maréchaux Mortier et Marmont tout ce qui restait disponible à Paris en infanterie et cavalerie de la garde, environ six mille hommes ; 2° que l'ennemi paraissait avoir commencé son mouvement de retraite.

LETTRE DU ROI JOSEPH AU ROI DE NAPLES.

Paris, le 28 février.

« SIRE,

« Mon cher frère, je n'entre pas dans des discussions politiques ; mais ce qui me frappe comme tous les Français, c'est qu'il est impossible que vous soyez heureux si vous devenez ennemi de la France. Ou je vous connais mal, ou vous ne supporterez pas le rôle odieux d'ennemi du pays auquel vous devez votre gloire. Vous êtes trop bon et trop loyal pour que vous n'ayez pas toute votre vie à gémir même du succès que pourrait obtenir l'ordre de choses dans lequel vous entreriez en opposition avec la France.

« D'ailleurs il est de fait que vous n'avez à la longue rien à espérer des Anglais ni des alliés. Ainsi donc votre tête doit suivre votre cœur. Rien n'est encore désespéré, puisque aucune hostilité n'a encore eu lieu. Je m'estimerai doublement heureux si je puis m'employer à rétablir entre l'Empereur et vous le bon accord qui doit toujours exister pour le bien de la France, de votre peuple et de notre famille.

« Je désire donc que vous me mettiez dans le cas de vous prouver, dans cette circonstance décisive pour votre bonheur, que je suis véritablement votre ami.

« J'ai beaucoup causé avec M. Faypoult, qui a toute ma confiance et qui mérite la vôtre. Je désire qu'il vous en inspire assez pour me rapporter votre volonté, et me mettre à même d'arriver au but que nous devons atteindre. Parmi les personnes qui vous servent, combien il en est peu qui aient les mêmes intérêts que vous ! Si vous les examinez de bien près, vous verrez que vous ne devez pas les croire : les ennemis de la France, les ennemis de l'Empereur sont les vôtres. »

LETTRE DU ROI JOSEPH A L'EMPEREUR.

Paris, le 2 mars.

« SIRE,

« On dit aujourd'hui que la commission pour l'armistice était dissoute. Il y a eu conseil de ministres. Il paraît qu'on est partout à bout de toutes les ressources.

A L'EMPEREUR.

Lettre du 5 mars.

« SIRE,

« Je reçois votre lettre de la Ferté-sous-Jouarre du 2 mars au soir. Je recommande à M. Lavalette d'envoyer des estafettes sur la route de

« J'écris au ministre de la guerre d'envoyer

« il me dit que l'exécution de cet ordre a eu lieu, et quant aux moyens de laisser à Alexandrie une garnison convenable, l'ordre est parti depuis longtemps. — (Il s'agissait encore de l'ordre donné par l'empereur au prince Eugène de se porter à marches forcées sur les Alpes avec son armée.)

« Il me paraît difficile, si le mouvement de Schwartzenberg est vrai, que V. M. s'éloigne des environs de Paris.

« Le général Hullin n'a point d'hommes qui puissent sortir de Paris, à moins d'envoyer les vétérans.

« J'ai déjà écrit à V. M. que pour former aujourd'hui la 4e division provisoire de la garde on manque *de conscrits, d'argent et d'armes*. On la formera à mesure que les hommes et les armes arriveront, si V. M. ordonne la répartition du dix-septième million. Pour monter deux mille hommes de cavalerie, il faudrait ouvrir un crédit d'un dix-huitième million.

« Quant à la 4e division de ligne, les obstacles sont les mêmes. On les lèvera au fur et à mesure des ressources. Tant que la garde ne sera pas formée, la ligne ne pourra pas l'être, puisque la garde, pour remplir promptement ses cadres, envoie peu d'hommes à la ligne.

« Je n'ai pas encore reçu les pièces de la négociation dont V. M. a ordonné la lecture au conseil. »

LETTRE DU ROI JOSEPH A L'EMPEREUR.

Paris, le 3 mars.

« Sire,

« Aujourd'hui l'Impératrice a tenu le conseil extraordinaire ordonné par V. M. J'ai fait donner lecture des pièces qui m'avaient été adressées. Tous les membres de ce conseil ont paru animés des mêmes sentiments : on a trouvé les propositions des ennemis fort injustes, et on a montré une confiance absolue dans ce que V. M. ordonnerait à ses plénipotentiaires, pour que la France pût jouir sur-le-champ du prix des sacrifices immenses que l'on exige d'elle, et que l'on sait bien que V. M. ne fera qu'à la dernière extrémité ; pour cela elle est meilleur juge que personne. Mais on s'est assez généralement réuni à penser que la nécessité de voir la France réduite au territoire qu'elle avait en 1792 devait être acceptée plutôt que d'exposer la capitale. On regarde l'occupation de la capitale comme la fin de l'ordre actuel. L'Europe coalisée tout entière veut réduire la France à ce qu'elle était en 1792 ; que ce soit le fond d'un traité ordonné par les circonstances, mais que le territoire soit évacué sur-le-champ.

« En résumé, la paix prochaine, quelle qu'elle soit, est in-
« dispensable. Bonne ou mauvaise, il faut faire la paix. L'Empe-
« reur la fera la moins mauvaise possible. Dans l'état actuel ce
« sera toujours un bienfait, puisqu'elle permet à l'Empereur de
« s'occuper exclusivement de l'intérieur, et que par une bonne
« administration, il est en état de reprendre ce qui lui aura été
« injustement demandé et ce qu'il aura sagement accordé. »

« Les limites naturelles seraient un bien réel pour la France et pour l'Europe ; elles laisseraient l'espoir d'une longue paix, mais à l'impossible nul n'est tenu. Faites donc la paix telle que l'impose la situation des choses et des esprits. On a trouvé la lettre à l'empereur d'Autriche pleine de noblesse et de raison.

« Vous resterez à la France, elle vous restera la même que dans le temps où elle a étonné l'Europe ; et vous qui l'avez sauvée une fois, vous la sauverez une seconde fois en signant la paix aujourd'hui et en vous sauvant avec elle.

« Soyez reconnu par l'Angleterre, délivrez la France des Cosaques et des Prussiens, et la France vous rendra un jour en bénédictions ce que des esprits superficiels croiraient que vous auriez perdu en gloire; mais je m'aperçois que je suis beaucoup trop diffus. Que V. M. ait remporté aujourd'hui une victoire ou non, il faut également qu'elle pense à la paix. Voilà le résultat de ce que tout le monde pense et dit ici : »

A L'EMPEREUR.

Lettre du 4 mars, 9 heures du soir.

« SIRE,

« Le général Sébastiani écrit de Troyes, en date du 3 à 5 heures, que le général Milhaud annonce que l'ennemi fait un mouvement sérieux avec des forces très-considérables. »

A L'EMPEREUR.

Le 5 mars.

« SIRE,

« J'adresse à V. M. le procès-verbal du conseil que le duc de Cadore vient de me remettre.

« Le revers qu'a éprouvé le duc de Dalmatie, la reddition de Soissons et la marche des ennemis sur la Seine ont beaucoup alarmé l'opinion. »

A L'EMPEREUR.

Le 6 mars.

« SIRE,

« J'adresse à V. M. la lettre que m'écrit le duc de Tarente. D'après l'état actuel des affaires, je présume que V. M. renoncera au mouvement sur Vitry et Joinville pour se rapprocher de la Seine. Je réponds au duc de Tarente en lui annonçant les quatre mille prisonniers et l'entrée de vos troupes à Reims, et je le préviens que je vous ai transmis sa lettre. »

A L'EMPEREUR.

Le 7 mars.

« SIRE,

« Voici le rapport d'un de mes aides de camp qui arrive de Nogent. J'ai fait partir ce matin deux mille hommes pour Moret.

« Hier, la garde n'a reçu que quatorze conscrits : il n'en arrive plus. L'approche de l'ennemi et la dissolution de la commission chargée de négocier une suspension d'armes ont répandu de nouvelles alarmes dans Paris. »

A L'EMPEREUR.

Le 7 mars.

« SIRE,

« Je vous adresse le duplicata d'une lettre que le duc de Tarente a écrite au prince major général par précaution. J'espère que l'original vous est parvenu deux heures avant la présente, et je ne doute pas que l'armée ne soit en mouvement pour secourir Paris.

« Jusqu'ici   de 200,000 francs pour les besoins de la garde ont été couverts par les fonds mis à la disposition de M. de la Bouillerie par des ordres subséquents de V. M. M. de la Bouillerie me prévient aujourd'hui de ne plus compter sur cette ressource, à moins que V. M. ne lui donne des ordres pour la garde.

Le maréchal duc de Conégliano m'ayant prévenu que la garde nationale n'a pu obtenir du ministre de la guerre *les piques qu'il avait demandées*, je l'ai autorisé à en faire fabriquer. Il espère trouver à acheter *deux mille fusils dans Paris* : je l'y ai autorisé. La commune de Paris subviendra à cette dépense, qui s'élèvera de 2 à 300,000 francs. Pour ne pas perdre un moment, je lui ai promis 50,000 francs que je lui ferai compter demain. Je compte cependant sur la condescendance de M. de la Bouillerie pour ces objets. Rien ne peut plus se faire ici par le crédit.»

A L'EMPEREUR.

Le 8 mars.

« Sire,

« Les nouvelles de Mont-de-Marsan annoncent l'entrée de l'ennemi dans cette ville, et nous font craindre l'occupation de Bordeaux, qui se trouve à découvert par le mouvement du duc de Dalmatie.

« les murs ont besoin d'être garantis par une levée de terre et   remplirait ce double but, si on avait 4 à 500,000 francs à employer à ces travaux. Je propose à V. M. 1º d'autoriser la répartition d'une contribution de 500,000 francs sur les habitants de Paris pour les dépenses qui en résulteront ; 2º d'autoriser M. de la Bouillerie à en faire l'avance. J'ai ordonné la clôture de Saint-Denis et de quelques autres communes de Paris, et la formation de la garde nationale dans ces communes. »

A L'EMPEREUR.

Le 8 mars.

« Sire,

« Les nouvelles de l'armée du duc de Dalmatie répandent de plus en plus l'alarme à Paris. On voit déjà les ennemis à Bordeaux, et l'on ne voit pas ce qui pourra arrêter leur marche, si le duc de Dalmatie ne peut s'opposer à leurs progrès dans le cœur de la France. La grande armée autrichienne est sur la Seine, et l'on remarque avec inquiétude que V. M. est bien éloignée. Les maréchaux ducs de Tarente et de Reggio paraissent être peu d'accord. Il est bien important que V. M. vienne incessamment sur la Seine et aux environs de la capitale. Avec ce qui se passe sur la Garonne, il est à craindre pour l'issue qu'aurait l'occupation de Paris et si

et nos espérances et en conséquence

répéter les mêmes choses. »

A L'EMPEREUR.

Le 9 mars.

« SIRE,

« J'ai donné les nouvelles de la victoire de Craone au duc de Tarente. Je présume que Soissons est en votre pouvoir, et que vous vous rapprocherez de Paris par cette direction. Cela est indispensable. L'armée du duc de Tarente paraît avoir été débordée par sa gauche, des partis ennemis étant entrés à Sézane, et s'étant même avancés jusqu'à Coulommiers.

« Hier les effets sont tombés à 51 francs. Les mouvements de l'ennemi contre le duc de Dalmatie donnent les plus vives inquiétudes pour Bordeaux, qui deviendrait facilement un foyer de guerre civile.

« Après la nouvelle victoire que vous venez de remporter, vous pouvez signer glorieusement la paix avec les anciennes limites. Cette paix rendra la France à elle-même après la longue lutte commencée depuis 1792, et n'aura rien de déshonorant pour elle, puisqu'elle n'aura rien perdu de son territoire, et qu'elle aura opéré dans son intérieur les changements qu'elle a voulus.

« Quant à vous, sire, victorieux tant de fois, vous avez en vous tout ce qu'il faut pour faire oublier aux Français, ou plutôt pour leur rappeler ce que Louis XII et Henri IV ont eu de mieux dans leur manière de gouverner, si vous faites la paix avec l'Europe; si, retrouvant dans votre caractère les traces primitives de sa bonté naturelle, vous vous y laissez aller en renonçant à un caractère factice et à des efforts journaliers, si vous

consentez enfin à faire succéder le grand roi à l'homme extraordinaire.

« Après avoir sauvé la France de l'anarchie et de l'Europe
coalisée, vous deviendrez le père du peuple, et vous serez aussi
aimé que Louis XII, après avoir été plus admiré que Henri IV
et Louis XIV; et pour accumuler tant de gloire, il ne faut que
vouloir le bonheur de la France et le vôtre. »

A L'EMPEREUR.

Le 9 mars, à minuit.

« SIRE,

« J'adresse à V. M. : 1° un rapport du général Préval, qui demande 2,200,000 francs pour mettre à cheval six mille hommes
dans le courant de mars; 2° l'état de situation des troupes de la
première division militaire au 8 de ce mois. V. M. verra que dans
toute l'étendue de cette division, il n'y a que sept mille cinq cent
soixante-quinze hommes disponibles. A Paris, il ne reste presque
plus personne, tout ce qu'il y avait ayant été dirigé sur Meaux,
et, depuis, sur Moret. »

A L'EMPEREUR.

Le 11 mars, onze heures du soir.

« SIRE,

« J'ai réuni les ministres. Celui de la guerre m'a remis l'état
des armes que V. M. trouvera ci-joint. Il en résulte que, loin
d'avoir trente mille fusils, il n'y en a pas six mille en état de servir, et que ces six mille servent à l'armement journalier des bataillons de la garde impériale et de la ligne.

« Il résulte de tout ce qui a été dit par les ministres, par les
chefs de la garde nationale, par tout ce que je connais de personnes attachées à l'ordre actuel, que la paix est forcée par la
nature des choses. Il n'est point d'individu dans Paris qui n'en
fît hautement la demande, si on ne craignait de vous déplaire;

et, dans le fait, il ne saurait y avoir que vos ennemis qui pussen
vous engager à refuser la paix avec les anciennes limites.

« L'armée aux ordres du duc de Tarente est mal disposée. La
lettre ci-jointe vous fera connaître la position de l'armée du duc
de Dalmatie et des départements au delà de la Garonne.

« Des bruits commencent à circuler dans la capitale ; ils ten-
dent à dépopulariser V. M. Par exemple, on parle du rappel du
duc de Conégliano, qui est aimé ; de son remplacement par le général Sébastiani, qui est ici depuis cinq jours ; de l'arrivée du
duc de Padoue, qui doit être aussi employé à Paris, que l'on veut
défendre.

« Le mois de mars s'écoule, et sur plusieurs points les terres
ne s'ensemencent pas ; mais il est inutile d'entrer dans plus de
détails. V. M. doit sentir qu'il n'y a pas d'autre remède que la
paix, et la paix la plus prochaine. Chaque jour perdu vous fait
personnellement un tort considérable. La misère particulière
est à son comble ; et le jour où l'on serait convaincu que V. M.
aurait préféré la prolongation de la guerre à une paix même dés-
avantageuse, il n'est pas douteux que la lassitude tournera les
esprits d'un autre côté. Si Toulouse et Bordeaux protégent un
Bourbon, vous aurez la guerre civile, et l'immense population
de Paris sera pour celui qui laissera entrevoir une plus prochaine
paix. Telle est la disposition actuelle des esprits ; il n'est donné
à personne de la changer. Dans une pareille disposition, il n'y a
d'autre parti à prendre que celui de traiter. Si la paix est mauvaise, ce ne sera pas votre faute ; avec le temps, votre génie saura
y remédier. Ma manière de voir est conforme à celle de tous.
Nous sommes à la veille d'une dissolution totale. Il n'y a d'autre
salut que dans la paix.

« Je me trouvais chez l'Impératrice lorsqu'elle a reçu une lettre de son père. D'après ce qu'elle m'a dit, je crois qu'il est dans
de très-bons sentiments. Il paraît avoir répondu à votre lettre.
Je désire bien que la réplique soit pour terminer sur-le-champ. »

A L'EMPEREUR.

Le 12 mars.

« SIRE,

« J'ai fait écrire au général Préval de redoubler d'activité, s'il était possible, pour les remontes, et qu'il pouvait compter sur les deux millions de francs.

« V. M. ordonne des travaux de défense qui serviraient en même temps d'ateliers de charité sur les hauteurs de Paris, et notamment de Montmartre. Le comité de défense a fait son projet ; *l'exécution en est arrêtée par le manque de fonds.* Lorsque, par une lettre du 8, j'ai proposé à V. M. d'autoriser une contribution sur la ville de Paris, je lui ai proposé aussi de faire donner à M. de la Bouillerie l'ordre d'avancer ces fonds, parce que je prévoyais les retards que doit nécessairement entraîner la délibération du conseil de la commune à soumettre au conseil d'État, etc. V. M. me prescrit de faire exécuter ces travaux. J'écris à M. de la Bouillerie pour savoir s'il est autorisé à faire ces avances. Si V. M. ne lui avait pas encore donné d'ordre à cet égard, il est indispensable qu'elle lui fasse écrire sur-le-champ, si elle veut que les travaux aient lieu sans perdre de temps. »

A L'EMPEREUR.

Le 13 mars.

« SIRE,

« Demain, j'espère pouvoir adresser à V. M. le plan des fortifications projetées pour Paris. M. le général Dejean me le fait espérer. On s'occupe de l'organisation des gardes nationales des communes les plus rapprochées de Paris, qui seraient comprises dans le plan de défense générale. »

A L'EMPEREUR.

Le 15 mars.

« SIRE,

« Le porteur de la présente, qui vient de Liége, est la personne que j'ai annoncée hier à V. M. Je l'adresse au prince de Neufchâtel. Il donnera tous les détails désirables sur les forces ennemies, sur les dispositions dans lesquelles il a trouvé le prince qu'il était chargé de voir (le prince de Suède). »

Le 16 mars, à Reims, l'Empereur écrivit à son frère Joseph Napoléon la lettre concernant le départ de l'Impératrice et du roi de Rome dans les circonstances qu'il avait indiquées, lettre qui sera transcrite dans le compte rendu de la séance du conseil réuni pour délibérer sur ce sujet.

A L'EMPEREUR.

Le 16 mars.

« SIRE,

« Je vous adresse la lettre que je reçois à l'instant de M. Faypoult, que j'avais chargé de porter au roi de Naples la lettre que V. M. m'avait mandé de lui écrire.

« Les événements de Bordeaux m'engagent aussi à vous adresser la lettre du sénateur Lemercier.

« Le général Ornano vient de m'apprendre que la garde impériale est partie ce matin, par suite des ordres qu'il avait reçus de V. M.

« L'armement de la garde nationale *en fusils de munition, de chasse et piques*, est aujourd'hui *pour douze mille hommes.*

LETTRE DU ROI JOSEPH A L'EMPEREUR.

Le 17 mars.

« SIRE,

« Le général Préval me fait prévenir qu'il s'en faut beaucoup que M. de la Bouillerie lui fasse connaître

Comme ces deux services importants sont ralentis par ces contrariétés de forme et qu'ils sont au moment d'être arrêtés, je crois devoir mettre ces observations sous les yeux de V. M. »

LETTRE DE L'EMPEREUR AU ROI JOSEPH.

Épernay, le 18 mars.

« MON FRÈRE,

« Je suis arrivé à Épernay ce soir; je me mettrai demain en marche avant le jour pour me rendre à Arcis-sur-Aube, où je serai le 19 à midi. J'y jetterai trois ponts, et, selon les circonstances, je me porterai sur Méry ou sur Troyes, pour tomber sur les derrières de l'ennemi. Il faut donc que le duc de Tarente dispute le terrain pied à pied. Dès demain, à dix heures du soir, l'effet de mes dispositions aura lieu, car l'ennemi connaîtra mon mouvement; et dès ce moment, cela influera sur toute son opération. Le duc de Raguse est resté à Béri-le-Bac; le duc de Trévise est à Reims; le général Charpentier est à Soissons. J'ai mandé au ministre de la guerre d'envoyer un général de brigade à Compiègne. Je laisse à Épernay le général de brigade Vincent, qui est chargé de toutes les levées en masse, et qui a quelques détachements de cavalerie. Je ne suppose pas que Blücher, qui a beaucoup souffert, puisse se mettre en mouvement avant deux jours. Il aura encore l'Aisne à passer, et le duc de Raguse, ainsi que le duc de Trévise, lui disputeront le terrain. Je m'attends à de grands résultats de mon mouvement, qui va jeter un grand désordre et une grande confusion sur les derrières de l'ennemi et sur son quartier général, s'il est encore à Troyes. Il faudra m'expédier les courriers par la Ferté-sous-Jouarre, et de là sur Arcis-sur-Aube, par Épernay et Montmirail. Il faut recommander aux ministres de la guerre et de la police de ne rien dire d'inutile, et de chiffrer ce qui serait important, jusqu'à ce qu'enfin j'aie rétabli les communications par Nogent. Envoyez des officiers à Compiègne, à Soissons, à Reims et à Épernay. J'ai donné ordre à une division de douze mille hommes que je fais réunir à Metz de se rendre à Châlons. Je ne sais pas si cet ordre parviendra; ce serait un grand bonheur.

« Signé NAPOLÉON. »

LETTRE DU ROI JOSEPH A L'EMPEREUR.

Paris, le 19 mars.

« SIRE,

« Le général Préval m'écrit de nouveau : il met beaucoup de zèle à remplir la commission importante qui lui est confiée.

« Les deux millions qu'il a demandés ne tarderont pas à être nécessaires; car les hommes qu'il avait à sa disposition, et les cinquante mille francs qu'il a touchés déjà, sont absorbés. »

LETTRE DU ROI JOSEPH A L'EMPEREUR.

Le 22 mars.

« SIRE,

« Les mouvements de Blücher sur Reims et Fismes, et ceux que les ducs de Trévise et de Raguse ont eu l'ordre de faire sur Châlons, découvrent Paris. Le duc de Trévise lui-même en a fait l'observation à l'officier que j'avais envoyé à Reims. Comme vous êtes instruit par le duc de Trévise de tout ce qui se passe, je ne doute pas que V. M. n'ordonne ce qui sera plus applicable à la circonstance.

« Le général Préval demande toujours que son crédit lui soit ouvert. Ses opérations sont suspendues depuis le **17**. Le ministre doit vous en avoir rendu compte.

« Le général Dejean attend impatiemment l'approbation de V. M. pour faire commencer les travaux de défense extérieure de Paris, dont j'ai envoyé le plan à V. M. le **15** de ce mois.

« Signé JOSEPH. »

A L'EMPEREUR.

Le **25** mars.

« SIRE,

« Toutes les nouvelles que l'on reçoit de la Garonne confirment celles qui vous ont été transmises par les ministres de l'intérieur et de la guerre, sur le peu d'appui que les meneurs du parti bourbonnien ont trouvé dans les habitans.

« On s'occupe des dispositions de défense extérieure de Paris dont le plan a été envoyé, le **15** de ce mois, à **V. M.**

« Signé JOSEPH. »

A L'EMPEREUR.

Le 26 mars.

« SIRE,

« Le général Préval voit *son opération arrêtée faute de fonds.* J'écris au trésorier de la couronne de payer sur le crédit de 2,000,000 que vous destinez au général Préval pour une remonte importante dans le cours de ce mois : que le trésorier accueille ou non mon invitation, il est également urgent que vous lui donniez vos ordres.

« Demain une colonne mobile se portera sur l'Oise, où les habitans se sont armés pour repousser les partis ennemis. L'esprit de la ville est bon : on s'occupe toujours de préparer la défense des postes extérieurs. »

A L'EMPEREUR.

Le 27 mars.

« Sire,

« J'ai fait soutenir la garnison de Meaux, qui se retire sur Claye.

« Nous nous attendons à chaque instant à apprendre votre approche de la capitale. »

A L'EMPEREUR.

Le 28 mars, à 9 heures du matin.

« Sire,

« Je vous ai annoncé l'arrivée des ducs de Trévise et de Raguse à Provins.

« Soissons tenait le 26.

« Nous attendons avec impatience des nouvelles de votre retour près de la capitale. »

Le 28 mars, le roi Joseph fut informé de l'approche des ennemis.

En persistant dans la détermination de ne rappeler ici que des faits avérés, il convient d'avoir recours à l'ouvrage de M. le baron Meneval, que sa position mettait à même de voir ce qui eut lieu durant et après le conseil réuni le même jour sous la présidence de l'Impératrice. Voici un extrait de cet ouvrage :

« Quand les corps des maréchaux Marmont et Mortier, réduits à une grande faiblesse numérique, se trouvèrent refoulés sur Paris par des forces ennemies très-supérieures, et que la capitale fut menacée ; lorsque la surprise, par le général Blücher, de la lettre par laquelle l'Empereur informait l'Impératrice de son mouvement, eut encore aggravé ce danger, le roi

Joseph jugea que le cas prévu par les instructions verbales et ensuite écrites de l'empereur, et exprimées en termes si précis, était arrivé. Il communiqua à l'Impératrice et à l'archi-chancelier la lettre de Napoléon, ainsi conçue :

« Reims, le 16 mars.

« Mon frère, conformément aux instructions verbales que je vous ai données et à l'esprit de toutes mes lettres, vous ne devez pas permettre que, dans aucun cas, l'Impératrice et le roi de Rome tombent entre les mains de l'ennemi. Je vais manœuvrer de manière qu'il serait possible que vous fussiez plusieurs jours sans avoir de mes nouvelles. Si l'ennemi s'avançait sur Paris avec des forces telles que toute résistance devînt impossible, faites partir dans la direction de la Loire la régente, mon fils, les grands dignitaires, les ministres, les grands officiers de la couronne, le baron la Bouillerie et le trésor. Ne quittez pas mon fils, et rappelez-vous que je préférerais le savoir dans la Seine plutôt que dans les mains des ennemis de la France. Le sort d'Astyanax, prisonnier des Grecs, m'a toujours paru le sort le plus malheureux de l'histoire.

« Signé NAPOLÉON. »

« On fut d'avis de réunir un conseil privé qui fut composé des grands dignitaires, des ministres, des présidents des sections du conseil d'État et du président du sénat. Il s'assembla dans la soirée du 28 mars ; la lettre de l'Empereur ne fut pas communiquée tout d'abord au conseil pour servir de texte à sa délibération : on posa seulement la question de savoir si l'Impératrice devait quitter Paris ou y rester avec son fils. La majorité des membres du conseil, entre autres le comte Boulay (de la Meurthe), était d'avis que l'Impératrice ne devait point quitter Paris, que sa présence rassurerait la capitale et imposerait aux étrangers. M. Boulay développa son opinion et la soutint avec beaucoup d'énergie. Il proposa que l'Impératrice allât à l'Hôtel-de-Ville et se montrât au peuple de Paris, tenant son fils dans ses bras, comme une autre Marie-Thérèse. Mais la résolution de rester à Paris était contraire aux intentions exprimées par l'Empereur; son adoption allait grandement engager la responsabilité du conseil : la lettre de l'Empereur fut alors produite. Elle termina tous les débats, et le départ fut résolu. Seulement le roi Joseph exposa qu'il importait de s'assurer de la force réelle de l'armée ennemie qui suivait les corps des deux maréchaux Marmont et Mortier, et s'offrit de rester à Paris avec les ministres de la guerre, de l'administration de la guerre et de la marine. On convint que la déclaration du conseil serait rendue publique, que les forces ennemies seraient reconnues, et que si elles étaient telles que toute résistance fût impossible, le roi Joseph et les ministres rejoindraient le gouvernement sur la Loire. Une proclamation fut publiée après le départ de l'Impératrice et de son fils, pour tempérer le découragement. Le ministre de la guerre avait été interpellé dans le conseil sur la quantité de fusils dont il pourrait disposer pour armer la population; il avait déclaré qu'il y en avait très-peu de réparés, ayant l'habitude de faire distribuer journellement aux conscrits qui partaient pour l'armée ceux qui étaient en bon état.

« Après la séance du conseil, qui se prolongea au delà de minuit, le roi Joseph et l'archichancelier suivirent l'Impératrice chez elle ; j'étais présent. Après avoir échangé quelques paroles sur les fâcheuses conséquences que pouvait avoir l'abandon de Paris, le roi Joseph et l'archichancelier se hasardèrent à dire que l'Impératrice seule pouvait prescrire le parti à prendre dans une si grave conjoncture. La réponse de l'Impératrice fut qu'ils étaient ses conseillers obligés, et qu'elle ne prendrait pas sur elle de donner un ordre contraire à celui de l'Empereur et à la délibération du conseil privé, sans avoir leur avis en forme et signé. Tous deux refusèrent d'assumer sur eux cette responsabilité. Aujourd'hui qu'on peut examiner de sang-froid le passé, peut-on blâmer leur conduite? Si l'honneur et la fidélité ne sont pas de vains mots, leur était-il permis de sacrifier l'homme qui s'était confié à leur foi, et de traiter avec l'ennemi de lui et sans lui? S'ils avaient consenti à la déchéance de l'Empereur, car c'était s'y engager en contrevenant à son ordre, ils pouvaient sans doute obtenir : l'Impératrice la reconnaissance de son fils, le roi Joseph la lieutenance générale du royaume, et l'archichancelier la conservation de ses dignités; mais à quel prix? L'entretien se termina par cette déclaration de l'Impératrice que, dût-elle tomber dans la Seine avec son fils, comme le disait l'Empereur, elle n'hésiterait pas un moment à partir, et que le désir qu'il avait si formellement exprimé était un ordre sacré pour elle. L'Empereur s'est plaint, depuis, que son ordre ait été trop rigoureusement interprété. Il a dit que l'exécution de cet ordre était subordonnée aux circonstances, qui avaient changé depuis l'époque à laquelle il avait été donné. Il n'est point douteux que la présence de l'Impératrice à Paris aurait pu déjouer de coupables manœuvres et donner à l'Empereur le temps d'arriver au secours de la capitale en prévenant l'ennemi; le conseil privé l'avait senti. La régente et son conseil le comprenaient; mais qui aurait osé contrevenir à des instructions aussi formelles? Les lettres postérieures de l'Empereur n'étaient venues ni les infirmer ni les modifier pendant les treize jours qui s'étaient écoulés entre la date de son ordre et celle de son exécution.

« Il avait été convenu que le roi Joseph se porterait aux avant-postes pour reconnaître la situation des corps des maréchaux Marmont et Mortier, et que l'Impératrice attendrait son retour pour partir.

« Le départ avait été fixé au lendemain 29 mars, à huit heures du matin.

« Dès le point du jour les salons se remplissaient des personnes désignées pour la suivre. Un silence pénible avait succédé aux conversations bruyantes d'abord échangées sur l'objet de la sollicitude générale, mais l'anxiété n'en était pas moindre. Un bruit soudain, l'ouverture d'une porte, faisaient accourir tout le monde. On s'attendait à voir paraître le roi Joseph, qui s'était rendu avant le jour aux barrières. Tout à coup les officiers de la garde nationale qui étaient de service au palais des Tuileries, et auxquels se réunirent plusieurs autres officiers, entrèrent précipitamment : ils furent introduits auprès de l'Impératrice, qu'ils conjurèrent de ne point abandonner Paris, promettant de la défendre. L'Impératrice, touchée jusqu'aux larmes de leur dévoûment, alléguait l'ordre de l'Empereur. Cependant elle retardait d'heure en heure et cherchait à gagner du temps ; elle pressentait que son éloignement serait un malheur public ; elle espérait, sans oser se l'avouer, qu'un événement fortuit viendrait l'empêcher. Le ministre de la guerre Clarke, qui avait insisté la veille sur le départ de l'Impératrice et déclaré qu'il ne restait plus d'armes à Paris, avait envoyé dans la matinée un officier pour lui représenter l'urgence de ce départ. Pressée par les uns de hâter son départ, par d'autres de le différer, elle était en proie à une vive agitation. Elle rentra une fois dans sa chambre à coucher, jeta avec humeur son chapeau sur son lit et s'assit dans une bergère. Là, appuyant sa tête sur ses deux mains, elle se prit à pleurer. Au milieu de ses plaintes, entrecoupées de larmes, on l'entendait répéter avec impatience : « Mon Dieu ! qu'ils se « décident donc et qu'ils mettent un terme à cette agonie ! » Enfin, vers dix heures, le ministre de la guerre lui fit dire qu'elle n'avait pas un moment à perdre, et que si elle tardait encore, elle s'exposerait à tomber dans les partis de cosaques. L'Impératrice, ne recevant aucun message du roi Joseph, se décida à partir. »

Dans les pièces qui précèdent, on voit clairement, jour par jour, l'état réel des choses en 1814. Les faits y parlent haut : ils répondent aux assertions d'écrivains qui les avaient ignorés. Avant d'arriver aux événements des 29 et 30 mars, résumons ces faits, auxquels le roi Joseph prit part durant la formidable crise qui agitait la France.

Certes les grandes résolutions n'avaient pas manqué : une inconcevable fatalité les paralysa.

Dès le 1er février, à l'aspect des travaux commencés aux barrières, quelques anciens militaires exprimèrent à Joseph Napoléon le vœu de faire un appel à tous ceux de leurs frères d'armes retirés soit à Paris, soit dans les départements voisins, qui pouvaient *donner un coup de main*, disaient-ils, pour la défense de Paris. L'un d'entre eux, qui vit encore, lui exposa le projet de la prompte organisation d'une force imposante qui entrerait en ligne avec l'armée sous les murs de la capitale, tandis que des cadres d'officiers et de sous-officiers seraient formés pour recevoir et exercer les hommes de cœur qui s'empresseraient de les remplir. Le roi Joseph entendit avec une sérieuse attention l'offre généreuse de ces braves, qui d'avance réfutaient les objections qu'ils avaient prévues. Il en était une qui leur avait échappé, et sur laquelle il garda le silence, en promettant de ne pas oublier leur dévouement; elle était malheureusement irrésistible : *Il n'y avait point de fusils pour les armer !*

La France, qui avait fait briller ses armes triomphantes dans les capitales de l'Europe, n'en avait plus pour défendre son territoire foulé par l'ennemi ! Elle n'avait plus un seul allié à qui on pût en demander. Tous avaient cessé d'être fidèles avec la fortune, et tous s'avançaient dans les rangs de la coalition. Les armes qui restaient aux mains de nos soldats électrisés par le génie de Napoléon faisaient encore des prodiges. Cependant la lutte était trop inégale; il fallait qu'un élan national vînt jeter son poids dans la balance. Dès lors la trahison qui se prosterne devant les succès, et qui lève la tête devant les calamités publiques, fût à jamais restée muette; et l'attitude soudaine de la France eût imposé à l'Europe : mais le courage qui eût aidé puissamment nos armées à sauver la patrie ne put prendre son essor à défaut d'armes.

Le 8 février, suivant la lettre du ministre de la guerre, transmise par le roi Joseph à l'Empereur, il existait six mille fusils disponibles ; et, suivant le rapport du commandant de Vincennes, trente mille fusils à réparer. Malgré tout le zèle possible dans les ateliers où furent appelés les ouvriers de Charleville et de Saint-Étienne, l'insuffisance de tels moyens n'était que trop évidente à l'approche d'un péril imminent. Les fusils étaient distribués, aussitôt qu'ils étaient fabriqués ou réparés, aux jeunes soldats qui arrivaient en foule.

L'Empereur avait ordonné la formation d'une armée de réserve de trente à quarante mille hommes dans Paris : il en reconnut l'invincible difficulté.

Les lettres du roi Joseph attestent qu'il déploya une grande activité pour seconder, autant qu'il dépendait de lui, les héroïques efforts de l'Empereur. Chaque jour il presse la réunion, l'armement et le départ des renforts si nécessaires à nos armées. Il ordonne lui-même les mouvements de troupes qui lui paraissent convenables, pour appuyer les opérations de l'Empereur sur les points d'où il se trouve éloigné. D'après sa propre expérience, il fait sentir à Napoléon que sa présence est indispensable à la tête des corps commandés par les trois maréchaux qui vont être attaqués à Montereau. Il lui propose de faire marcher le corps du maréchal Augereau de Lyon sur Autun, où il serait plus utile. Il fait recommander instamment par l'Impératrice Joséphine au prince Eugène d'accélérer l'exécution de l'ordre qu'il avait reçu de se porter, à marches forcées, sur les Alpes avec son armée. Il use de toute son influence, qui dans d'autres temps eût été d'un grand poids, pour ramener le roi de Naples au sentiment de ses devoirs envers la France, pour détacher de la coalition le prince de Suède. A Paris il raffermit les courages ébranlés par nos revers; il soutient l'espoir de ceux à qui les récentes victoires de l'Empereur inspirent de la confiance.

Mais il a jugé la gravité de la situation. Il ne laisse pas ignorer à l'Empereur la vérité que ses ministres n'auraient pas osé lui dire. Il lui signale vivement le danger du départ de l'Impératrice, *qui peut livrer une capitale et un empire aux Bourbons.* « Tout en manifestant, dit-il, des craintes que je vois sur tous « les visages, j'exécuterai fidèlement pour ma part les ordres « de V. M. dès qu'ils me seront parvenus. [1] » Cependant ces ordres, qui lui parvinrent plus d'un mois après, furent positifs : l'Impératrice devait partir dans l'hypothèse prévue.

Il écrit à l'Empereur une lettre [2] où l'on eût trouvé de la grandeur d'âme s'il ne fût pas mort exilé. On y remarque ces mots : « Sire, les choses sont plus fortes que les hommes..... « Si vous pouvez faire la paix, faites-la ; si vous ne le pouvez « pas, il faut périr avec résolution, comme le dernier empe- « reur de Constantinople..... Dans ce cas, je ne ferai rien « d'indigne ni de vous ni de moi. »

Dans ses lettres postérieures [3], le roi Joseph renouvelle à Napoléon le conseil de traiter aux conditions que les événe-

---

[1] Lettre du 7 février.
[2] Lettre du 9 février.
[3] Lettres des 4, 9 et 11 mars.

ments le forcent d'accepter. Il réitère ses instances après les victoires de l'Empereur qui devaient faciliter la paix. Mais les étrangers oubliaient la générosité que leur avait montrée Napoléon, lorsqu'ils l'avaient contraint à la guerre, qui mit dans ses mains leurs trônes qu'elles auraient pu briser. D'ailleurs ils étaient informés de ce qui nous manquait pour triompher encore.

Le 7 mars, le maréchal Moncey n'ayant pas obtenu du ministre de la guerre *les piques demandées pour la garde nationale*, le roi Joseph autorisa ce maréchal à en faire immédiatement fabriquer, et à se procurer les deux mille fusils qu'il espérait pouvoir acheter dans la capitale. La commune de Paris devait subvenir à cette dépense, tant le trésor public était épuisé! Pour ne pas perdre un moment, le roi Joseph fit l'avance de 50,000 francs, puisque alors il n'y avait plus à compter en rien sur le crédit.

Le 11 mars, le roi Joseph réunit les ministres. Celui de la guerre présenta l'état des armes. Joseph le transmit à Napoléon avec sa lettre du même jour : « *Loin d'avoir trente mille* « *fusils, il n'y en a pas six mille en état de servir, et ces six mille* « *sont employés à l'armement journalier des bataillons de la garde* « *impériale et de la ligne.* »

Il adressa, le 15 mars, à l'Empereur, le plan de défense extérieure que le général Dejean venait de lui remettre. L'exécution des travaux fut arrêtée à défaut de fonds : ils ne purent être commencés qu'après le 22 mars.

Le 16 mars, suivant la lettre du roi Joseph à l'Empereur, « *l'armement de la garde nationale en fusils de munition, en fusils* « *de chasse et en piques, était pour douze mille hommes.* »

Telle était la situation de Paris.

Dès que la marche des armées coalisées fut positivement annoncée, le roi Joseph pressa l'Empereur de se rapprocher immédiatement de la capitale, en renonçant à son **mouvement** vers Saint-Dizier.

Sans doute, dans toute autre circonstance, un pareil mouvement eût produit, sur les derrières et les communications des alliés, l'effet qu'en attendait Napoléon ; mais sa lettre qui l'annonçait à l'Impératrice fut interceptée par le général Blucher. Les avis officieux ne furent d'ailleurs pas épargnés à l'ennemi. Des hommes, dont plusieurs étaient comblés des faveurs de l'Empire, calculaient mystérieusement celles qu'ils trouveraient dans ses désastres, comme ils ont eu depuis la triste audace de s'en vanter ; à Paris, ils épiaient les progrès de la crise, les inquiétudes qu'elle faisait naître ; mais rien de plus. Loin de pouvoir semer la crainte, tant que le drapeau tricolore flotta sur la capitale, ils dissimulèrent prudemment leurs espérances, ils ne se démasquèrent qu'à l'ombre des drapeaux étrangers.

Les armées coalisées se présentèrent devant Paris le 29.

La proclamation suivante fut imprimée à deux heures du matin, affichée immédiatement, et répandue dès l'aurore du 30 mars.

« Le roi Joseph, lieutenant général de l'Empereur, commandant en chef la garde nationale,

AUX CITOYENS DE PARIS.

« Citoyens de Paris,

« Une colonne ennemie s'est portée sur Meaux ; elle s'avance par la route d'Allemagne, mais l'Empereur la suit de près à la tête d'une armée victorieuse.

« Le conseil de régence a pourvu à la sûreté de l'Impératrice et du roi de Rome. Je reste avec vous.

« Armons-nous pour défendre cette ville, ses monuments, ses

richesses, nos femmes, nos enfants, tout ce qui nous est cher. Que cette vaste cité devienne un camp pour quelques instants, et que l'ennemi trouve sa honte sous ses murs, qu'il espère franchir en triomphe.

« L'Empereur marche à notre secours, secondez-le par une courte et vive résistance, et conservons l'honneur français.

« Paris, 29 mars,

« Signé JOSEPH. »

Le 30, il y eut à lutter, avec un vaillant mais trop peu nombreux corps d'armée, contre les armées de l'Europe. L'ingénieur des sapeurs-pompiers de Paris, fait prisonnier le matin, conduit devant l'empereur de Russie, le roi de Prusse et le prince de Schwarzemberg, renvoyé ensuite à nos avant-postes, assura que la presque totalité des forces ennemies se trouvait devant la capitale.

Le peu de troupes qui restait à Paris s'avança pour appuyer les corps des maréchaux Marmont et Mortier. La garde nationale se porta aux postes qu'elle devait occuper. Des volontaires, dont plusieurs armés de fusils de chasse, sortirent en tirailleurs au-devant de l'ennemi. Les élèves de l'école polytechnique servirent l'artillerie confiée à leur jeune et brillante valeur. Le bruit du canon, commençant à tonner, enflammait l'ardeur d'une courageuse population, particulièrement dans les faubourgs; elle demandait à grands cris des armes; plusieurs chefs de manufactures en sollicitaient aussi pour leurs valeureux ouvriers : souvenir douloureux et qui fait frémir encore tout cœur français! *Il n'y avait point d'armes!*

Les premiers efforts de l'ennemi furent dirigés contre le corps du maréchal Marmont, qui annonça combien il avait de peine à résister aux masses dont il soutenait l'attaque. Le roi Joseph fit dire au maréchal Mortier qu'il était urgent de le renforcer, disposition qu'il s'empressa d'exécuter. Ce maréchal

eut bientôt lui-même à combattre des forces tellement supérieures en nombre qu'elles débordaient sa gauche, et déployaient
des colonnes considérables vers Saint-Denis et les ponts de la
Seine.

Nos troupes rivalisaient d'intrépidité sur toute la ligne.
Enfin, après une héroïque défense, le maréchal Marmont
adressa au roi Joseph une note tracée au crayon, pour l'informer qu'il était impossible de prolonger la résistance au delà
de quelques heures, et de préserver Paris des malheurs insépa-
rables d'une occupation de vive force.

Le conseil, auquel cette note fut communiquée par le roi
Joseph, était composé des ministres de la guerre, de l'administration de la guerre, de la marine, du lieutenant général
Hullin, du lieutenant général Maurice Mathieu et d'autres
généraux qui s'y trouvaient réunis. L'avis du conseil fut una-
nime, il reconnut la funeste nécessité devenue inévitable.

Dans une aussi déplorable extrémité, le roi Joseph chargea
le lieutenant général Stroltz, son aide-de-camp, de porter au
maréchal Marmont et au maréchal Mortier l'autorisation d'entrer en pourparler avec l'ennemi, en leur recommandant de
continuer la résistance autant qu'il leur serait possible, de
manière à négocier un arrangement.

Voici cette autorisation :

Paris (de Montmartre), le 30 mars, à midi un quart.

« Si M. le maréchal duc de Raguse et M. le duc de Trévise
ne peuvent plus tenir leurs positions, ils sont autorisés à entrer
en pourparler avec le prince de Schwarzemberg et l'empereur
de Russie, qui sont devant eux.

« Ils se retireront sur la Loire.

« Signé JOSEPH. »

Du moment où le roi Joseph acquit la triste conviction qu'il n'y avait plus d'espoir de prolonger la défense de Paris, il dut, conformément aux intentions de l'Empereur, se rendre auprès de l'Impératrice et du roi de Rome. Les colonnes ennemies s'emparèrent des ponts sur la Seine, peu d'instants après le passage du roi Joseph et des ministres qui l'accompagnèrent.

De l'examen des faits résultent les observations suivantes :

Le roi Joseph ne craignait pas d'être pris *en otage* à Paris, comme on l'a dit : il craignait un danger bien autrement grave à ses yeux, celui d'être obligé de concourir à la déchéance projetée de l'Empereur.

On sait qu'il avait, à l'avance, peint sous les plus vives couleurs, dans ses lettres à Napoléon, l'effet présumé du départ de l'Impératrice, le besoin si impérieux de la paix, *surtout à défaut d'armes*, les événements du Midi, la direction des esprits, l'urgence de son retour avec son armée pour sauver la capitale.

Il avait proposé ce qu'il jugeait utile : Napoléon seul avait le droit d'ordonner.

Lieutenant de l'Empereur, le roi Joseph ne devait-il pas exécuter ses ordres? Pouvait-il lui désobéir?

Frère de Napoléon, lui était-il permis de chercher son élévation dans la chute de son frère?

La conscience, le devoir, l'honneur, tout lui commandait la fidélité à l'Empereur : il lui resta fidèle.

La postérité rendra justice à son dévoûment inébranlable dans ces moments décisifs où l'ingratitude souvent suit de près l'infortune.

Il est certain que parmi les causes qui firent succomber la France en 1814, il en était une alors sans remède : c'est que la France eut le malheur d'être dépourvue d'armes.

Malgré son épuisement, si les armes ne lui eussent pas manqué, il n'était pas impossible qu'elle fît repentir l'Europe de son invasion.

Mais si l'on doit aux morts la vérité qui les accuse, on leur doit aussi la vérité qui les justifie.

De bonne foi, cet épuisement, cet irréparable malheur d'avoir manqué d'armes, serait-il juste de les imputer au roi Joseph ? Non, car il n'avait nullement été en mesure de les prévenir.

Il est vrai qu'en se reportant par la pensée vers cette époque aujourd'hui si loin de nous, sur laquelle déjà le temps avait jeté un voile qui, pour la première fois, est soulevé, grâce à des documents jusqu'ici inconnus, on ne peut que déplorer la cruelle fatalité qui pesa sur la patrie, en la privant des premiers éléments de sa défense : que pouvait le courage sans armes ? mais on observe un contraste frappant entre la situation de la France à cette époque et sa situation actuelle.

Supposons que le roi Joseph eût été placé au milieu des ressources qui maintenant abondent, avec une garde nationale si nombreuse et si bien armée, avec une jeunesse qui serait aussi brave aux jours de périls qu'elle est active et laborieuse durant la paix, avec des armes à offrir à tous les hommes courageux qui sont toujours prêts, en France, à répondre à la voix de la patrie menacée : alors, les armées ennemies se fussent-elles déterminées à marcher sur Paris ? C'eût été douteux : ce qui ne l'eût pas été, c'est qu'en venant l'attaquer elles y eussent trouvé leur ruine.

Cependant le roi Joseph sentait qu'il y avait encore des moyens de salut dans les puissantes inspirations de l'Empereur. A nos armées, concentrées autour de Fontainebleau, se joignirent les corps des maréchaux Marmont et Mortier qui avaient combattu devant Paris. Le génie de Napoléon pouvait, par de nouveaux prodiges, changer la face des affaires et parvenir à la conclusion de la paix.

Le roi Joseph écrivit à l'Empereur, de Chartres, le 31 mars :

« SIRE,

« Je vous ai écrit ce matin un billet par un courrier déguisé. Je reçois la lettre de V. M. de ce matin. J'envoie à l'Impératrice celle qui lui est destinée. Je partirai cette nuit pour suivre l'Impératrice. Elle avait dû d'abord se rendre à Tours. D'après ce que V. M. me mande, elle se rendra, avec tout ce qui compose le gouvernement, à Blois. C'est aussi l'opinion des ministres qui sont ici, et qui partent ce soir. J'ai vu ce matin l'Impératrice et le roi de Rome, ce soir ils seront à Châteaudun. Les ministres de la guerre, de l'administration de la guerre, des finances, du trésor, de l'intérieur, de la marine, sont ici.

« V. M. doit connaître tout ce qui s'est passé par les rapports des maréchaux, par ce que j'en ai dit à M. Dejean, aide-de-camp de   L'armée ennemie était très-nombreuse. Il était impossible aux corps des ducs de Trévise et de Raguse de leur faire tête.

« Votre affectionné frère,

« Signé JOSEPH. »

Dans sa lettre de Vendôme, le 2 avril, le roi Joseph écrit à l'Empereur :

« SIRE,

« L'état des départements est tel que je ne doute pas que V. M. ne fasse l'impossible pour traiter.

« Je vous adresse un paquet du ministre de l'intérieur, contenant des dépêches du prince vice-roi (le prince Eugène).

« Signé JOSEPH. »

Le prince de Neufchâtel ayant écrit de Fontainebleau, le

31 mars, au roi Joseph, celui-ci répondit de Vendôme, le 2 avril :

« En deux mots, tout respire ici le besoin du repos. S'il est possible de traiter, il faut le faire à tout prix : le parti royaliste lève la tête ; la paix, quelle qu'elle soit, abat un parti que la continuation de la guerre va rendre plus que menaçant.

« Signé JOSEPH. »

Joseph Napoléon partit de Blois, espérant pouvoir arriver jusqu'à Fontainebleau et s'entretenir avec son frère des résolutions qu'il importait de prendre sur-le-champ, soit pour combattre l'ennemi, soit pour en délivrer la capitale et la France par un traité. Un corps des armées étrangères occupait la communication au delà d'Orléans, et le roi Joseph fut obligé de retourner à Blois. En attendant les ordres de l'Empereur, une proclamation de l'Impératrice fut adressée aux départements jusqu'alors garantis de l'invasion. Des partis de Cosaques s'avancèrent aux environs de Blois : le roi Joseph, toujours fidèle aux instructions de l'Empereur, insista pour déterminer l'Impératrice à passer sur la rive gauche de la Loire. Elle refusa d'y consentir, et son fils demeura exposé au malheureux sort dont Napoléon avait à cœur de le préserver.

Inquiet de n'avoir point de nouvelles de l'Empereur, le roi Joseph en demanda au général Bertrand par une lettre qu'il terminait ainsi : « Pressez l'Empereur pour qu'il prenne un « parti prompt et décidé ; qu'il sache bien que la France veut « la paix, un système monarchique et libéral, mais n'aime ni « ne veut les Bourbons : s'ils retournent au trône, ce sera « malgré le peuple et par la faute du gouvernement impé- « rial. »

En effet, les espérances que le roi Joseph fondait sur la puissance du génie de l'Empereur auraient pu se réaliser en-

core ; mais M. de Talleyrand, le duc d'Alberg, les abbés Louis
et de Pradt, et autres, avaient réussi à précipiter la décision
des deux souverains étrangers et du prince de Schwarzemberg,
portant que les alliés ne traiteraient plus avec Napoléon ni
aucun membre de sa famille. Des maréchaux qui devaient agir
suivant les intentions de l'Empereur, lui déclaraient qu'il fallait abdiquer. Ceux à qui sa munificence avait prodigué trop
tôt des faveurs et des richesses, n'aspiraient plus qu'au bonheur
d'en jouir. Les fonctionnaires qu'il avait élevés aux sommités
de l'Empire se prostituaient aux pieds des ennemis. Les séna-
teurs bornaient leur sollicitude à conserver les traitements ac-
cordés par le souverain dont ils s'étaient hâtés de prononcer
la déchéance. Le peuple, qui eut toujours le sentiment de la
dignité nationale, contemplait tristement cette ignoble rivalité
d'égoïsme et de perfide ingratitude.

Néanmoins, malgré ce honteux abandon encouragé par la
subite apparition du parti que réveillaient d'anciens souvenirs,
la cause impériale n'était pas désespérée. Le général Caulain-
court avait obtenu assez d'influence auprès de l'empereur de
Russie pour lui inspirer une opinion favorable sur la question
agitée depuis quelques jours, et concernant la régence de l'Impératrice. L'hésitation des souverains étrangers était d'un bon
augure et laissait entrevoir une heureuse solution. Mais la dé-
fection du maréchal duc de Raguse mit un terme aux incerti-
tudes ; la régence fut écartée.

Le roi Joseph, qui n'avait pu connaître exactement ni le
résultat des négociations tentées à Paris, ni les dispositions
adoptées par l'Empereur à Fontainebleau, lui écrivit la lettre
suivante et qui alors fut la dernière :

Orléans, le 10 avril.

« Sire,

« Nous sommes arrivés ici aujourd'hui. Le général Schuvalof, aide de camp de l'empereur de Russie, a accompagné l'Impératrice. Il est arrivé hier à Blois avec M. de Saint-Aignan, qui ne m'a rien dit de sa mission. Si tout ce qui se débite se vérifie, et que les Bourbons soient appelés au trône, il m'importe de n'avoir rien à leur demander, et il me serait impossible de vivre en France. Je ne pourrais pas non plus conduire à l'île d'Elbe ni ma femme ni mes enfants. Si les cruels résultats des événements y conduisaient V. M., j'irais l'y voir et lui prouver mon attachement ; mais ce serait après avoir conduit dans un asile continental ma femme et mes enfants. Tout ce qui se passe, Sire, justifie trop complétement mes vieilles et funestes prédictions. Il faut prendre un parti décidé et finir cette cruelle agonie. Pourquoi ne pas recourir à l'Autriche, s'il le faut ? Votre fils est le petit-fils de François ! Pourquoi ne pas demander la paix ? Pourquoi ne pas parler aux Français un langage vrai, abolir la conscription, les droits réunis, pardonner à tout le monde, adopter une constitution vraiment monarchique et libérale ? La France veut la paix, mais elle ne veut pas des Bourbons ; elle les préfère à la guerre éternelle ; mais elle ne reçoit les Bourbons que comme un châtiment imposé ; elle s'y résigne parce qu'elle est vaincue. M. Faypoult arrive d'Italie ; l'armée y est belle, le vice-roi est tranquille à Mantoue, le roi de Naples fait des vœux pour vous si vous en faites pour la paix générale et pour l'indépendance de l'Italie. Un effort quelconque pourrait peut-être tirer la France de l'abîme où elle va tomber. Décision prompte, militaire ou politique, et tout est peut-être réparable encore en faveur de votre fils ; ayez le courage de le tenter, sauvez l'État d'un danger imminent en cherchant à éloigner des princes qui vont rallumer toutes les haines, conduire le pays à une agitation nouvelle par les divisions intestines qui vont se ranimer, par l'orgueil des anciens grands et la fierté des nouveaux et le caractère du peuple, que la Révolution a élevé au point où il doit être, où il eût été tant à désirer qu'on l'eût maintenu dans les dernières années.

« Les Cosaques se sont montrés sur la route de Beaugency à Orléans et ont pillé quelques voitures du convoi.

« Votre affectionné frère.

« Signé JOSEPH. »

Il était trop tard pour suivre les conseils du roi Joseph, qui ppelait, dans cette lettre, ses vieilles et funestes prédictions trop justifiées par les événements, et qui cherchait à inspirer à Napoléon une résolution désormais impossible.

Le même jour où Joseph écrivait d'Orléans à son frère, l'Empereur abdiquait à Fontainebleau.

Bientôt l'Impératrice partit avec son fils, sous l'escorte des Cosaques, pour aller à Rambouillet, où elle reçut la visite de l'empereur d'Autriche, son père, et de l'empereur Alexandre.

Napoléon se rendit à l'île d'Elbe, Joseph en Suisse, la famille impériale en Italie.

Ainsi tomba l'Empire, qui, sans les frimas du Nord, dominerait encore aujourd'hui le monde. Après avoir acquis par les armes une immortelle gloire, la France, épuisée mais toujours intrépide, succomba, en 1814, à défaut d'armes.

Dans ce rapide exposé, il n'y a pas une expression qui ne soit conforme à l'histoire, pas un fait qui ne soit constaté par les documents.

L'impartialité des lecteurs y reconnaîtra que Joseph Napoléon remplit dignement ses devoirs envers la France, envers l'Empereur. Convaincu de l'impossibilité de soutenir, sans fusils, sans argent, sans crédit, la guerre contre l'Europe coalisée, il signalait la paix comme unique moyen de sauver la patrie. Il était dans sa destinée d'avoir à Paris, comme en Espagne, à vaincre des obstacles invincibles.

NOTE SUR 1830.

Dans les premiers jours du mois d'août, l'auteur de cet exposé rappela au maréchal Jourdan, qui l'honorait de son amitié, l'irréparable malheur qu'avait éprouvé la France, dépourvue d'armes, en 1814 et en 1815. Il pressa l'illustre vainqueur de Fleurus d'user de toute son influence pour prévenir un si grand malheur, en supposant que les étrangers, dont les dispositions étaient alors incertaines, voulussent tenter une nouvelle invasion pour comprimer la révolution de juillet. « Il faut, lui disait-il, non-seulement activer la « fabrication de fusils dans tous nos ateliers, mais encore s'en procurer le plus « possible, sur-le-champ, à tout prix, en Angleterre, partout ailleurs où l'on « peut en trouver. »

Le maréchal Jourdan sentait l'importance d'une pareille précaution. Il promit de faire, auprès du maréchal Soult, les plus vives instances pour l'engager à demander l'acquisition d'armes si nécessaires à la sécurité de la patrie. En effet, bientôt furent conclus des marchés pour l'achat de fusils en Angleterre.

L'acquisition de ces armes, malgré certaines conditions révélées depuis, n'en fut pas moins réellement utile : elle permit de donner, sur tous les points, à la garde nationale une attitude qui commanda le respect à l'étranger, en attendant l'organisation de l'armée convenable à la nouvelle situation de la France.

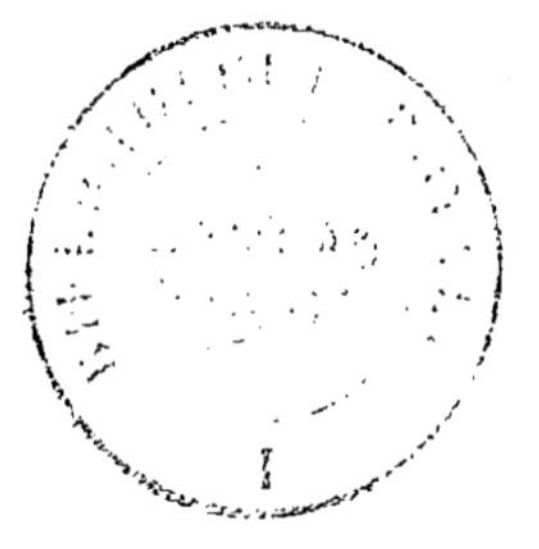

www.ingramcontent.com/pod-product-compliance
Ingram Content Group UK Ltd.
Pitfield, Milton Keynes, MK11 3LW, UK
UKHW021441090726
13657UKWH00003B/1166